まとまった内容を話す！

英語表現ナビゲーター

田中茂範・著

Navigator in Production

コスモピア

　本書で提案するのは NIP（Navigator in Production: 英語表現ナビゲーター）という、まとまった内容のことを表現する力を養成するための新しい学習メソッドです。

　「簡単な会話ならなんとかなるが、まとまった内容のことを話すとなるととても無理」と考えているかたは少なくないと思います。しかし、真に使える英語力を身につけるには、そこを乗り越えていく必要があります。そこで、本書は spoken production に注目します。まとまった内容のことを話すといっても、会話の途中で、日本的な何かを指さし、「あれ、何ですか？」と聞かれ、即興で説明すること（spontaneous speech）もあれば、あらかじめ準備してプレゼンテーションを行う（planned speech）場合もあります。ここでは、この両方を想定したナビゲーターを取り扱います。

　口頭で、まとまった内容のことを表現する場合、内容面に注目すれば、筋の通った話の流れが求められるでしょう。「筋の通った話の流れ」を「話の内容に構造がある」という言い方をすることもできます。そこで、筋の通った流れの中で内容を表現していくのに役立つのがナビゲーターです。

　「ナビゲーター」といえば、車のナビ（navigation system）を連想するかたも多いと思います。車のナビは、目的地まで誘導してくれる装置です。ナビは、その指示から逸脱したルートを運転しても、ルートを新たに提示してくれる柔軟性のある「ガイド」だといえます。話や文章も流れ（flow）があるかぎり、その流れをガイドする何か（ナビゲーター）を表現者は無意識のうちに使っていると考えることができます。話をする場合、まったく無秩序に話しているのではなく、意識的か暗黙裡かは問わないまでも、なんらかの流れの構造のようなものに従っているということです。

そうでなければ、話している当人も、自分が何を話しているのか
わからないでしょうし、それを聞いている人も話の全体像をつか
むことができないでしょう。

　母語の場合は、話したり書いたりする日々の経験を通じて、ナビ
ゲーターのようなものを無意識のうちに獲得します。まとまった内
容を表現する際には、その内在化したナビゲーターを暗黙のうちに
使っていると考えることができます。ところが、第二言語としての
英語を使う場合には、個々の表現を英語にすることだけに関心が向
かい、日本語を通してせっかく身につけたはずのナビゲーターが生
かされない、ということが起こります。そこで、本書では、あえて
意識的にナビゲーターに注目し、それに従った表現のしかたを訓練
します。そのような訓練によtって、英語を使う際にも、内容のあ
るまとまったことを表現するこができるようになるはずです。

　以上が本書における基本的な考え方です。本書では、12種類の
ナビゲーターを紹介します。この12種類のナビゲーターを組み合
わせることで、英語での豊かな表現ができるようになるはずです。
なお、productionとしたのは、ここでの考え方はライティングに
も応用できると考えているからです。

　最後に、私はこれまで多くの英語学習書を執筆してきました。
本書は、英語表現力を鍛えるための決定版だと確信しております。
本書を通じて、ナビゲーターを意識した表現活動を徹底的に訓練
してください。ナビゲーター的な思考方法が内在化すること、こ
れが英語でまとまった内容を話す際のコツです。
　読者のみなさんが本格的な英語力を身につけるのに、本書が役
立てばうれしいかぎりです。

2021年9月吉日

田中茂範

目次

はじめに ……………………………………………………………………… 2

英語表現ナビゲーターの理論的な考え方 …………………………… 6

本書の構成と使い方 ……………………………………………………… 14
音声ファイル番号一覧 …………………………………………………… 18
[無料] 音声を聞く方法 …………………………………………………… 19
電子版を使うには ………………………………………………………… 20

Navigator 1
人物を描写する …………………………………………21
人物の外見、人柄、行動傾向、評価を使用頻度が高い表現とともに紹介します。

Navigator 2
事物を描写・説明する …………………………………35
ナビゲーターを使い、ちゃんこ鍋、ラムネ、ゆるキャラなどを描写・説明します。

Navigator 3
概念を描写・説明する：定義型と分類型 ………53
モンスターペアレント、塾、やばいの説明を2種類のナビゲーターを使って行います。

Navigator 4
場面を客観的に描写する ………………………………65
1枚の写真やイラストの場面を、全体から細部へ客観的に描写する練習をします。

Navigator 5
出来事を報告する ……………………………………………77
レポーターが現地からライブで起きていることを報告するような形の練習です。

Navigator 6
誰かを注意する …………………………………………91
注意するという難しい行為を建設的に変えるナビゲーターを用いて練習します。

Navigator 7

過去の出来事を感情を込めて描写する ………… 103

過去のことを思い出しながら感情を込めて話す練習をします。

Navigator 8

比較して描写・説明する ……………………… 119

犬と猫、スペインとイタリア、サッカーとラグビーで、比較して説明する練習をします。

Navigator 9

批評・コメントをする ………………………… 147

料理、小説、テレビ番組について、コメントや批評する練習をします。

Navigator 10

方法を説明する ………………………………… 169

風呂の入り方、富士山へ登り方などの説明を通して順番の表し方を練習します。

Navigator 11

意見を表明する ………………………………… 181

あるテーマについての賛成、反対の意見を表明する方法を練習します。

Navigator 12

問題解決の提案をする ………………………… 201

ナビゲーターに沿って、アイディアを提案するという本格的なタスクに挑戦します。

特別記事　まとまった内容を表現するための
　　　　　オーガナイジングとマインド・マップ ……………221

特別付録　1. 7段階の論理の展開方法と
　　　　　　 キーワード＆キーフレーズ 98 ………………234
　　　　　2. 日本文化を紹介するために
　　　　　　 役立つ英語表現ナビゲーター ………………259

英語表現ナビゲーター の理論的考え方

Navigator in Production［NIP］

経験を通して内在化された さまざまな場面での語りの「型」

　言語を使用する経験を通して、人はさまざまな語りの型のようなものを内在化していきます。謝罪をする場面、提案を断る場面、事故について報告する場面などを考えてみるといいでしょう。事故を報告する場面では5W1H（when、where、who、what、why、how）が重要な情報になります。この5W1Hをカバーする形で報告をするという自然な行為は、ここでいう「表現の型」に従って行われていると考えることができます。

　謝罪会見などでは、「申し訳ありませんでした」という謝罪の言葉を述べるだけでなく、謝罪の対象となる行為をどうして行ったのかについて釈明を行ったり、二度とやらないと約束したりします。こうした行為が、社会通念上、妥当な謝罪行為になるのです。つまり、「謝罪する」という行為について、人々は「表現の型」のようなものを共有感覚としてもっているということです。同様に、提案を断る場面では、断るだけでなく、感謝の意を示したり、断る理由を示すという表現の型が

観察されるはずです。

本書における「ナビゲーター」とは？

　こうした表現の型は「スクリプト（script）」と呼ばれることがあります。スクリプトといえば演劇や映画を連想すると思います。映画などでは、まさに、場面場面で出演者が発する言葉を記したのがスクリプトになります。

　実は、このスクリプトはもっと広い意味で使われ、「行動のしかた」にも応用されます。電車の乗り方、飛行機の乗り方、歯医者のかかり方、寿司の作り方、など何回か経験すれば、そのやり方のようなものを学びます。それがスクリプトです。電車の乗り方ひとつを取り上げても、自動改札導入前と導入後ではスクリプトは異なるはずです。

　本書でいう「ナビゲーター」はスクリプトと同義と考えてかまいません。あえて「ナビゲーター」という言い方をするのは、話の流れをゆるやかに誘導する何かという意味合いを強調したいがためです。ナビゲーターに類似した言葉に、「テンプレート」があります。しかし、「テンプレート」は、固い型でその型に言語を嵌めるという印象があります。一方、ナビゲーターは柔らかい型で、柔軟性があり、その型で縛られるものではありません。そういう自由度をもち、情報の流れの誘導するものという意味で、ここでは「ナビゲーター」という用語を用いることにします。

ナビゲーターの具体例

　　ナビゲーターは、何を表現するかという表現タイプによって異なります。人物描写、事物描写、出来事描写、意見表明などがここでいう表現タイプです。ここでは人物描写を具体例として、そのナビゲーターを見ておきます。人物描写のナビゲーターは、以下のような流れが基本になると思われます。

外見 ➡ 人柄 ➡ 行動傾向 ➡ 評価

　　まず、人物の外見について話し、人柄に及びます。そして、人柄を表す行動傾向を示し、さらに、人物の評価を行うという流れがここで示されています。ここでの情報の流れが「ナビゲーター」です。

　　例えば、ジェームスはどういう人物かと問われて、次のように述べたとしましょう。

A: What does James look like? What is he like?

B: Well, he's tall and handsome. He's friendly and outgoing. He's also considerate of other people. I mean, he's the kind of person who gives his seat to an elderly person even if he's very tired. So he's a nice guy and I like him.

A：ジェームズの見た目はどんな感じですか？　彼はどういう感じの人ですか？
B：ええと、彼は背が高くてハンサムです。彼は親しみやすくて外交的な人です。他人にも気配りができる人です。つまり、彼はとても疲れていても、年配の人に席を譲るような人です。だから彼はいい人で、私は彼が好きです。

　英語だけに注目すれば、これは何の変哲もない会話例のひとつにすぎません。しかし、この B が述べた内容をナビゲーターの流れとして分析すれば、以下のようになります。

外見：Well, he's tall and handsome.

人柄：He's friendly and outgoing.

人柄の情報追加：He's also considerate of other people.

行動傾向：I mean, he's the kind of person who will give his seat to an elderly person even if he's very tired.

評価：He's a nice guy. I like him.

　この分析からいくつかのことがわかります。

① 「A はどんな人か」について語るというタスクが与えられた場合、外見、人柄、行動傾向、評価といった観点に注目した描写を行うということ。これは、ナビゲーターに沿った人物描写ということです。

② well, I mean という言葉に注目してみると、口頭で、そして即興で何かを語る際には、ナビゲーターに沿って表現するといっても、話しながら情報を整理する必要があるため、言い淀み、言い直し、繰り返しなどの軌道修正が自然に行われるということがわかります。こういう**軌道修正を行うことを「リペア（repair）」**と呼びます。即興でまとまった内容のことを話そうとすると、いくらナビゲーターがあっても、「立て板に水」のように表現は紡ぎ出されないということです。

③ 人物描写を行うためには、それなりにコマが必要です。前述の例でいえば、外見を語るには tall とか handsome という単語を知らなければなりません。人柄についても、friendly、outgoing、considerate などの単語を知っておく必要があります。さらに、行動傾向を描写する表現方法として **He's the kind of person who...** のような言い回しも必要になります。これらの単語や表現のことを**言語資源（LR: Language Resources）**といいます。

　①〜③の３点を考慮した形で、**英語表現ナビゲーター（Navigator in Production [NIP]）**をモデルとして示しておくと、下の図のようになります。

　なお、前述の通り、口頭では、**軌道修正（リペア：repair）**をしながらナビゲーターを利用して表現するのが自然です。一方、文章で何かを表現する際にも、同様のナビゲーターを使います。しかし、文章の場合に求められるのは**自己編集力（self-editing competence）**あるいは「添削力」です。文章ですから、必要に応じて、添削（編集作業）を行うことで、文章を整えることができるということです。

英語表現ナビゲーター
Navigator in Production (NIP) モデル

話す（タスク処理の）ための言語資源
Language Resources（LR）

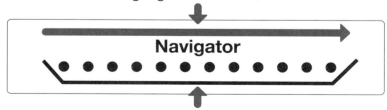

自己編集力　repair / self-editing competence (in Writing)

　左下の図で示しているように、まとまった内容のことを口頭で表現するには、**話題を語る言語資源（LR）**、**内容を紡ぎ出すために利用可能なナビゲーター**、それに**軌道修正をうまく行うための自己編集力（修正力）**の3つが必要となります。

　●●●の連なりがナビゲーターの流れを示しています。LR（言語資源）を使いながらナビゲーターの流れに沿って表現し、必要に応じて軌道修正のリペアを行うということです。

　ナビゲーターを身につける簡易な方法は、ナビゲーターを意識して（声に出しながら）英文を何度か**音読する**ことです。「外見は？」といって、Well, he's tall and handsome. と音読する、「人柄は？」といってHe's friendly and outgoing. と音読する、といった具合に行います。

外見は？

Well, he's tall and handsome.

人柄は？

He's friendly and outgoing.

人柄の情報を追加すると

He is also considerate of other people.

行動傾向は？

I mean, he's the kind of person who will give his seat to an elderly person even if he's very tired.

He's a nice guy. I like him.

　このようにして表現の型を押さえたら、あとは、自分でもナビゲーターを手掛かりに、人物描写を行ってみるのです。もちろん、ナビゲーターはゆるやかに情報の流れを調整する「整流器」のようなものなので、アドリブを加えたり、変化をもたせたりすることも可能です。むしろ、ナビゲーターを基本の型としつつ、それに自在に変化をもたせることができるようになると、真の英語での表現力につながるのだと思います。

本書のトレーニング方法

　まとまった内容を表現する際には、筋道を立てて表現しなければなりません。これは、日本語でも英語でも同じことです。そこで、本書では、日英語のハイブリッド活動を提案します。

　課題に対して、まず、日本語で内容を示し、それを英語にするという作業を行います。日本語の文章もナビゲーターを意識した形で作成しています。そして、一連の日本語の文を次々に英語に訳していきます。次に、解答例を見て、自分で作成した英文の添削を行ってください。そこで、解答例のネイティブスピーカーの音声を使って練習します。次の段階では、解答例の英文が再度ナビゲーターの流れとして示されます。ここでは、日本語で示したナビゲーターの部分も声出ししながら、英文を音読するようにしましょう。最低5回は音読をしてみましょう。作業の流れを示すと右ページの図のようになります。

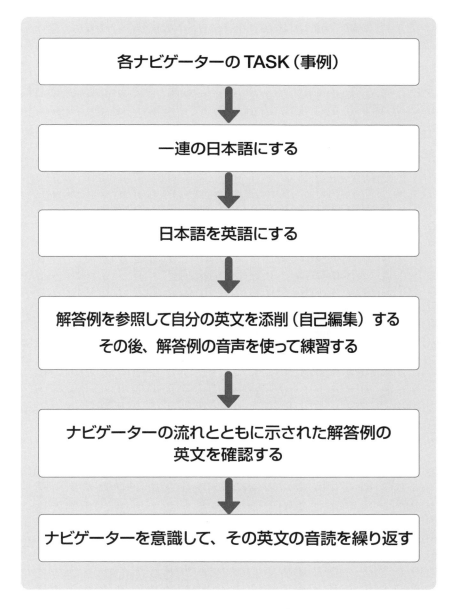

各ナビゲーターの TASK（事例）

⬇

一連の日本語にする

⬇

日本語を英語にする

⬇

解答例を参照して自分の英文を添削（自己編集）する
その後、解答例の音声を使って練習する

⬇

ナビゲーターの流れとともに示された解答例の
英文を確認する

⬇

ナビゲーターを意識して、その英文の音読を繰り返す

では、はじめましょう！

本書の構成と使い方

ナビゲーターの各章扉

　1〜12のナビゲーターの扉で、扱われるナビゲーターの図が示されています。まずここで説明される各項目の描写や説明の基本的な流れを頭に入れます。

　本文で、ナビゲーターについて説明されています。冒頭で説明される場合もあれば、Taskの解答例の後で説明される場合もあります。

12の項目で学習するそれぞれの典型的なナビゲーターが扉で示されています。本文には、ナビゲーターのバリエーションが示される場合もあります。

14

Task

実際にあるテーマをナビゲーターの流れを使って書いてみます。

最初に日本語の文を英訳していきます。

英訳の解答例には音声がついています。何度も繰り返し英語を聞きながら声に出して練習しましょう。

次に、ナビゲーターを整理します。最初に説明される場合もあれば、Task の英訳問題が終わったところで解説される場合もあります。

最後に、ナビゲーターに沿って英文のみを再度整理します。ナビゲーターを意識しながら、この英文を最低 5 回音読して定着させます。

ひとつのナビゲーターに対して複数の Task（課題）があります。

日本語の順番にナビゲーターが含まれているので、まずは順番に沿って英語にしていきます。

音声付きの解答例

解答例をナビゲータにそって分析したもの

ひとつのナビゲーターに対する解説です。

ふたつの英文は同じものです。

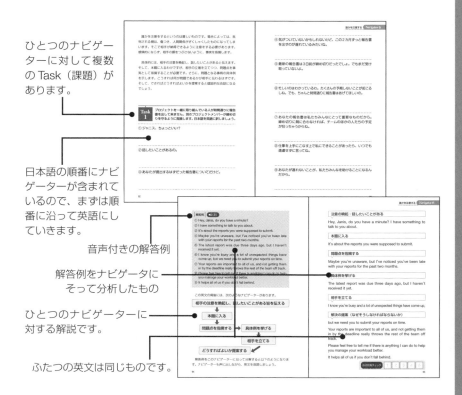

15

Challenge Task

　各章の最後のタスクです。ナビゲーターを意識しながら、ヒントをもとに、まずは解答例を見ずに、自分の解答を書き入れてみましょう。解答例は音声付きです。

解答例です。音声が収録されています。

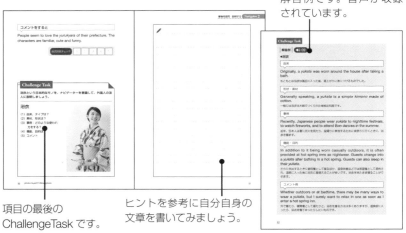

項目の最後の
ChallengeTask です。

ヒントを参考に自分自身の
文章を書いてみましょう。

特別記事　まとまった内容を表現するための
オーガナイジングとマインド・マップ

アイディアの出し方とまとめ方を解説します。

マインド・マップというアイディアの出し方を紹介します。

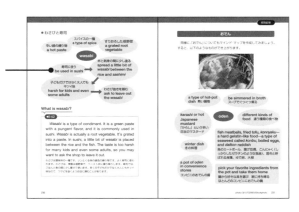

① 7段階の論理の展開方法とキーワード&キーフレーズ 98

スピーチ、プレゼンなどでも使える、ワンステップアップした7段階の本格的な論理展開と、そこで役立つ語彙や表現を紹介します。

一歩進んだスピーチやプレゼンテーションで役に立つ7段階の論理の展開方法と、それぞれの段階で用いる具体的なテクニックを紹介します。

それぞれで使用する代表的な表現も合わせて紹介します。音声が収録されてる例文には音声マークがあります。

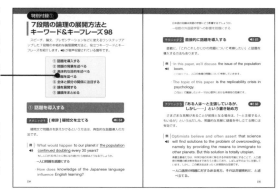

② 日本文化を紹介するのに役立つ英語表現ナビゲーター

日本文化を紹介するのに特化して、役立つナビゲーターを紹介します。

日本文化の説明をするときの注目のポイントを、名前・タイプ、類似性、意味、ルーツ、材料・原料、使用目的の6つに分けて説明します。

音声ファイル番号一覧

[注意] ファイル番号 1 〜 60 にある、冒頭の 1~12 の数字は、Navigator 1 〜 12 を表します。T は Task を CT は Challenge Task を表します。ファイル番号の 64 から 89 は「特別付録①」の記事です。KYWP は Key Words and Key Phrases を表します。例えば KYWP_4_3 の 4 は、7 つの論理の展開方法の 4 番、そしてのそのテクニックの 3 番を表します。音声マークはテクニックの見出しにありますが、実際に音声が収録されている英文は本文中では ◀)) で示されています。

ファイル番号	ファイル名	ページ		ファイル番号	ファイル名	ページ		ファイル番号	ファイル名	ページ
1	1_T1	24		32	8_T2_2_3	131		63	Oden	232
2	1_T2	27		33	8_T2_2_4	132		64	KYWP_1_1	234
3	1_T3	31		34	8_T2_3_1	133		65	KYWP_1_2	235
4	1_CT	34		35	8_T2_3_2	134		66	KYWP_1_3	235
5	2_T1	38		36	8_T2_3_3	136		67	KYWP_1_4	236
6	2_T2_1	43		37	8_T2_3_4	137		68	KYWP_1_5	236
7	2_T2_2	45		38	8_T2_4	138		69	KYWP_2_1	237
8	2_T3	48		39	8_CT	145		70	KYWP_2_2	237
9	2_CT	52		40	9_T1	150		71	KYWP_2_3	239
10	3_T1_1	56		41	9_T2_1	152		72	KYWP_2_4	240
11	3_T1_2	57		42	9_T2_2	159		73	KYWP_3_1	242
12	3_T2	59		43	9_CT1	162		74	KYWP_3_2	242
13	3_Column	61		44	9_CT1_1	164		75	KYWP_3_3	243
14	3_CT	64		45	9_CT1_2	166		76	KYWP_3_4	243
15	4_T1	68		46	9_CT2	168		77	KYWP_3_5	244
16	4_T2	73		47	10_T1	172		78	KYWP_4_1	245
17	4_CT	76		48	10_T2	176		79	KYWP_4_2	246
18	5_T1	80		49	10_CT	179		80	KYWP_4_3	247
19	5_T2	86		50	11_T1	186		81	KYWP_4_4	248
20	5_CT	90		51	11_T2	193		82	KYWP_4_5	249
21	6_T1	94		52	11_CT	200		83	KYWP_4_6	250
22	6_T2	98		53	12_T1	204		84	KYWP_5_1	252
23	6_CT	101		54	12_T2	208		85	KYWP_5_2	253
24	7_Trial	106		55	12_CT_1	214		86	KYWP_6_1	253
25	7_T	112		56	12_CT_2	215		87	KYWP_6_2	254
26	7_CT1	117		57	12_CT_3_1	216		88	KYWP_6_3	255
27	7_CT2	118		58	12_CT_3_2	217		89	KYWP_7	257
28	8_T1	124		59	12_CT_3_3	218		90	J_1	259
29	8_T2_1	128		60	12_CT_all	219		91	J_2	260
30	8_T2_2_1	129		61	Elaborating	227		92	J_3	261
31	8_T2_2_2	130		62	Wasabi	230				

［無料］音声を聞く方法

音声をスマートフォンや PC で、簡単に
聞くことができます。

方法1 ストリーミング再生で聞く場合

面倒な手続きなしにストリーミング再生で聞くことができます。

※ストリーミング再生になりますので、通信制限などにご注意ください。
　また、インターネット環境がない状況でのオフライン再生はできません。

このサイトにアクセスするだけ！

↳ **https://qr.paps.jp/VeAak**

① 上記サイトにアクセス！

② アプリを使う場合は
SoundCloud に
アカウント登録（無料）

方法2 パソコンで音声ダウンロードする場合

パソコンで mp3 音声をダウンロードして、スマホなどに取り込むこと
も可能です。

（スマホなどへの取り込み方法はデバイスによって異なります。）

① 下記のサイトにアクセス

https://www.cosmopier.com/
download/4864541688

② パスワードの【21010】を入力する

音声は PC の一括ダウンロード用圧縮ファイル（ZIP 形式）で、ご提供します。
解凍してお使いください。

電子版を使うには

音声ダウンロード不要
ワンクリックで音声再生！

本書購読者は
無料でご使用いただけます！
音声付きで
本書がそのままスマホでも
読めます。

Navigator 1
人物を描写する
人物描写のナビゲーター
外見 人柄 行動傾向 評価

電子版ダウンロードには
クーポンコードが必要です

詳しい手順は下記をご覧ください。
右下の QR コードからもアクセスが
可能です。

電子版：無料引き換えコード
41688

ブラウザベース（HTML5 形式）でご利用
いただけます。

★クラウドサーカス社 ActiBook電子書籍
（音声付き）です。

●対応機種
・PC（Windows/Mac） ・iOS（iPhone/iPad）
・Android（タブレット、スマートフォン）

電子版ご利用の手順

❶コスモピア・オンラインショップにアクセス
してください。（無料ですが、会員登録が必要です）
https://www.cosmopier.net/

❷ログイン後、カテゴリ「電子版」のサブカテゴリ「書籍」をクリックして
ください。

❸本書のタイトルをクリックし、「カートに入れる」をクリックしてください。

❹「カートへ進む」→「レジに進む」と進み、「クーポンを変更する」をクリック。

❺「クーポン」欄に本ページにある無料引き換えコードを入力し、「登録する」
をクリックしてください。

❻０円になったのを確認して、「注文する」をクリックしてください。

❼ご注文を完了すると、「マイページ」に電子書籍が登録されます。

Navigator 1
人物を描写する

人物描写のナビゲーター

外見 > 人柄 > 行動傾向 > 評価

photo:LeoPatrizi/iStockphoto

「君のおじさんはどんな人ですか」だとか「君の上司はどんな人ですか」という課題に対して、英語で応じるというのが人物描写です。外見に注目する場合は、英語での質問は What does he / she look like? となり、人柄に注目したい場合は、What is he / she like? になります。しかし、ここでは、人物描写ということで、外見や人柄をまとめて表現することを前提にします。すると、人物描写のナビゲーターは、以下のようになります。

　本書で示すナビゲーターはあくまで典型的なもののひとつで、それが唯一のものというわけではありません。しかし、本書で紹介する基本となるナビゲーターに沿った形で表現ができるようになると、応用は自在にできるようになるはずです。

　次ページからの task の事例は、*p.8* 〜でも取り上げたものですが、ここで再掲します。まず、日本語で示した内容を英語に訳してください。

Task 1 ジェームスという友人がいるとします。彼について説明を求められました。どういう人か、日本語を参考にしながら英語で説明しましょう。

① そうですね、彼は、背が高くてハンサムです。

② 親しみやすくて、外交的な人です。

③ 他人にも気配り（considerate）ができる人です。

④ 自分がとても疲れていても、高齢者に席を譲るといった感じの人なんです。

⑤ とてもいい人で、私は彼のことが好きです。

以下の解答例を参考にしながら、自分が書いた英語の添削をしてください。なお、解答例はあくまでもひとつのサンプルです。

① He's tall and handsome.

② He's friendly and outgoing.

③ He is also considerate of other people.

④ He's the kind of person who would give his seat to an elderly person even if he were very tired.

⑤ He's a nice guy. I like him.

これは、比較的短い文章ですが、これをナビゲーターの流れで示すと、以下のようになります。

外見は？

He's tall and handsome.

人柄は？

He's friendly and outgoing.

人柄の情報を追加すると

He is also considerate of other people.

行動傾向は？

He's the kind of person who would give his seat to an elderly person even if he were very tired.

評価は？

He's a nice guy. I like him.

ナビゲーターの部分*も声に
だしながら、英文を最低5
回は音読しましょう。

音読回数
チェック

| 1 | 2 | 3 | 4 | 5 |

＊左ページの「外見は？」「人柄は？」などがナビゲーターの部分になります（以下同）。

　「外見」、「人柄」、「行動傾向」、「評価」の４項目から人物描写のナビ
ゲーターは構成されています。ということは、それぞれについて表現
するための言語（LR: Language Resource）が豊かであれば、それ
だけ表現も豊かになるということです。ここでは、LR のいくつかを紹
介しておきます。

LR 外見描写

tall 背が高い

short 背が低い

medium height 中ぐらいの背丈の

feminine 女っぽい

flabby たるんだ

good-looking 器量のよい

gorgeous 華麗な

graceful 優美な

lovely 愛らしい

manly 男らしい

medium build 中肉中背

muscular 筋肉質の

plain 飾り気のない

lady-like 女性らしい

thin / skinny がりがりの

plump ふっくらした

fat 太った

slender 細身の

slightly-built 華奢な

slim スリムな

regal 堂々としている

stocky ずんぐりした

young 若い

old 高齢の

middle-aged 中年の

have brown eyes 黒い目をしてる

Task 2
以下は、街角で男性を見かけた後、警察官に「誰か目撃しなかったか」と聞かれ、先ほど見かけた人の外見を説明するシーンです。日本語で説明しているところを英語にしましょう。

① はい、角のところで男性を見ました。

② 黒のTシャツと白のズボンでした。

③ 大きい男ではありませんでした。

④ 中ぐらいの背丈で筋肉質 (muscular) でした。

⑤ 確かではありませんが、丸い顔で、浅黒かった (a dark complexion) と思います。

⑥ 20代か30代に見えました。

⑦ あっちのほうに歩いていきました。

解答例を参考に、自分で作成した英文の添削をしてください。

解答例 🔊 02

① Yes, I saw a man at the corner.

② He had on a black T-shirt and white pants.

③ He was not a tall man.

④ He was of medium height and muscular.

⑤ I'm not sure, but I think he had a round face and a dark complexion.

⑥ He looked like he was in his twenties or thirties.

⑦ He walked off in that direction.

ここでは、外見の説明が中心になります。

目撃したか？

Yes, I saw a man at the corner.

外見は？

He had on a black T-shirt and white pants.

He was not a tall man. He was of medium height and muscular.

I'm not sure, but I think he had an oval face and a dark complexion.

He looked like he was in his twenties or thirties.

> 行った動作は？

He walked off in that direction.

　次に、What is he / she like? に対して、人柄を描写するわけですが、そのために必要となる LR は以下のようなものです。少し多めに形容詞をリストしておきます。「誰だれさんは adventurous だ」「あの人は agreeable だ」といった具合に、それぞれの形容詞に当てはまるような人物を思い浮かべていってみるといいでしょう。

LR 人柄描写

● プラスの側面

adaptable 順応性の高い

adventurous 冒険好きな

agreeable 愛想のよい

big-hearted おおらかな

brave 勇敢な

calm 穏やかな

charismatic カリスマ性のある

cheerful 陽気な、元気のいい

considerate 思いやりのある

cooperative 協力的な

courageous 勇気のある

diligent 勤勉な

dependable 頼りがいのある

down-to-earth 気取りのない

energetic エネルギッシュな

fair 偏見のない、公平な

friendly 親切な、やさしい

fun-loving 楽しいことの好きな

funny おかしい、ユーモアのある

gentle やさしい

honest 誠実な

lively 生き生きした

lovely 愛らしい、すてきな

meticulous 几帳面な

outspoken はっきりものをいう

patient 辛抱強い

reliable 頼りがいのある

responsible 責任を果たせる、信頼できる

sensible 分別のある

strong-minded 心の強い

thoughtful 思慮深い

witty ウィットに富んだ

● マイナスの側面

arrogant 傲慢な

bad-tempered 怒りっぽい

childish 子どもっぽい

condescending （下の者を）見下すような

demanding 多くの要求をする

grumpy 怒りっぽい

horrible ひどい

impolite 礼儀知らずの

impudent ずうずうしい

inconsiderate 気が利かない

lazy 怠惰な

mean 意地悪な

moody 気分屋の

nosy せんさく好きな

nervous 神経質な、臆病な

obnoxious タチの悪い

overly friendly なれなれしい

rude 不作法な

selfish わがままな

shameless 恥知らずの

sly / sneaky ずるい

snobbish 俗っぽい

stingy けちな

temperamental 天気屋の

testy 短気な、怒りっぽい

thoughtless 思慮に欠ける

unpunctual 時間にルーズな

unreliable 頼りにならない

unsociable つき合いの悪い

uptight 神経質な、ピリピリした

vulgar 下品な

wicked 邪悪な

　「人柄」は、単なる客観的事実とは異なり、主観的な評価が含まれます。評価はふつう根拠とワンセットになります。ここでは「行動的傾向」が「人柄」の評価の根拠にあたるといっていいでしょう。

Task 3 以下は、友人の女性のことを別の友人に紹介する場面です。日本語を英語に訳して、女性を紹介しましょう。

① 彼女はおかしな人のように思えるが、実はとても頭がよくて、そしてとても頼りがいがある。

② もし彼女が何かをするといえば、実際にそれをやる人だ。

③ そう、彼女はちょっと要求が多くて（demanding）、厳しいところがあるかもしれないが、ぼくには間違いなくこれまでで最高の信頼できる友人だ。

④ 信じないかもしれないが、彼女はアクティブでもある。

⑤ つまり、スポーツをやったり身体を動かしたりすることが好きだ。

⑥ 最後に、彼女は気前がよいことも付け足しておかなければならない。

⑦ 毎年12月には貧しい人たちにたくさんのお金をあげるような親切な人だ。

以下の解答例を参考にしながら、自分の英語を添削してください。

解答例 ◀))) 03

① She seems strange, but she is actually very sharp and reliable.

② If she says she'll do something, she actually will.

③ Oh, she may be a bit too demanding and strict, but she's definitely the best, most trustworthy friend I've ever had.

④ You may not believe this, but she's active as well.

⑤ I mean she likes playing sports and doing physical activities.

⑥ Finally, I must add that she's generous.

⑦ She donates a lot of money to the poor every December.

人柄は？

She seems strange, but she is actually very sharp and reliable.

If she says she'll do something, she actually will.

Oh, she may be a bit too demanding and strict, but she's definitely the best, most trustworthy friend I've ever had.

行動傾向は＞

You may not believe this, but she's active as well.

I mean she likes playing sports and doing physical activites.

人柄の情報を追加すると？

Finally, I must add that she's generous.

評価は？

She donates a lot of money to the poor every December.

ナビゲーターの部分も声に
だしながら、英文を最低5
回は音読しましょう。

音読回数
チェック

| 1 | 2 | 3 | 4 | 5 |

Challenge Task

下記の質問に、ナビゲーターを考慮しながら、英語で答えてくだ
さい。答えは右側に書きましょう。

What does Donald Trump look like? And what is he
like?

① 外見は？
② 人柄は？
③ 行動傾向は？
④ 評価は？

> 外見は？

He's a tall, heavy and older man. He wears oversized suits with long ties. He also has an unusual hairstyle.

背が高く、太っていて、年をとっています。特大のスーツを着て、長いネクタイを締めています。彼はまた珍しい髪型をしています。

> 人柄は？

He's arrogant, impatient, temperamental, impulsive, egotistical and intolerant of criticism. 彼は傲慢で、せっかちで、怒りっぽくて、衝動的で、自己中心的で、批判に耐えられません。

> 行動傾向は？

He makes quick decisions and prioritizes the economy.

He also expresses biased views on ethnic groups. He said he wanted to "make America great again." He couldn't accept his loss in the 2020 election and tried to overturn the results.

彼は迅速な意思決定をし、経済を優先します。民族についてまた偏った見方を表明しています。「アメリカを再び偉大にしたい」と述べました。2020年の選挙で彼は敗北を受け入れることができず、結果を覆そうとしました。

> 評価は？

Many people dislike him intensely, but others like him a lot. People who like him think he's a man of action. People who dislike him think he's impulsive and egotistical.

多くの人が彼を強く嫌っていますが、とても好きな人々もいます。彼が好きな人は彼が行動力のある人だと思っています。彼を嫌う人々は、彼が衝動的で自己中心的だと思っています。

[肯定的] But I liked the way he explained his policies as President.
しかし、私は彼が大統領としての彼の方針を説明する方法が好きでした。

[否定的] I don't think he was fit to be the President of the US, a role that greatly impacts the world.
しかし、私は世界に大きな影響を及ぼすアメリカの大統領としては、ふさわしくなかったと思います。

Navigator 2

事物を
描写・説明する

物事を描写・説明するナビゲーター

【呼称】これは〜という

【言い換え】だいたい〜に相当する、文字どおりには

【類似・種類】〜のようなものだ、〜の一種だ

【特徴】（用途・素材・誰向けか・おすすめのポイント）
〜でできている

【慣習・傾向】「ふつうは（伝統的には）〜」

Navigator 1では人物を描写する方法を見てきました。ここでは事物の描写の方法を見ていきます。ここでいう事物の描写とは、眼前に何かがあり、「これは（それは、あれは）何ですか」と聞かれたときだけではなく、目の前にないものについて「それって何ですか」と問われたときに説明する場合も含みます。

まず、眼前にある事物の描写のしかたを見ていきましょう。

▌目の前にあるものを描写する──────

眼前にある事物を描写するということは、指さすことができる対象（例えば、絵馬やお通しなどの日本的なもの）について説明する場合のことです。来日したばかりの外国人からすれば初めて目にするもので、何であるかがわかりません。

早速、タスクをやりながら、ナビゲーターを見ていきましょう。

Task 1　海外から来た友人をあるレストランに誘います。席につくと、彼は、少し離れた隣の席でお客が食べているものが気になり、以下のように尋ねます。

> What is that?
> What are they eating?

　写真を見ると、「ちゃんこ鍋」ですね。そこで、あなたは外国人の友人に、それがどういうものであるかを説明するという状況です。

　「ちゃんこ鍋」を日本語で説明すると、以下のようになるでしょう。日本語を英語にしましょう。

---

① それは「ちゃんこ鍋」と呼ばれます。

---

② ざっくりいうと、温かい鍋料理です。

---

③ それはシチューのようなものです。

---

④ 鍋にいろいろな具材を入れて、スープの中でぐつぐつ煮ます。

⑤ 基本のスープは、酒とみりんで風味を添えた鳥ガラスープです。

⑥ それはとても健康的で栄養価満点です。

⑦ 「ちゃんこ鍋」と聞けば、多くの日本人は相撲力士を思い浮かべます。

⑧ 実際、それは彼らの典型的な食べ物です。

⑨ 伝統的には、相撲部屋 (sumo stable) の番付が下の (lower-ranking) 力士によって料理されてきました。

解答例を参考にしながら、自分で作成した英語を添削してください。

| 解答例 | 🔊 05

① That is called "chanko-nabe."
② Roughly speaking, "chanko-nabe" is a hot pot dish.

③ It's a type of stew.

④ You put various ingredients into a pot and simmer them in a soup.

⑤ The base soup is made with chicken broth along with *sake* and *mirin* flavoring.

⑥ It is very healthy and nutritious.

⑦ When hearing the word "chanko-nabe," many Japanese think of *sumo* wrestlers.

⑧ In fact, it is a typical food for them.

⑨ Traditionally, it's cooked by lower-ranking *sumo* wrestlers in a *sumo* stable.

この英文は以下のナビゲーターの流れに沿って作成されています。

【呼称】「これは〜と呼ぶ」
This is... / It's called...

【類似・種類】「〜のようなものだ / 〜の一種だ」
It's (just) like... / It's a type of...

【特徴（用途・素材・誰向けか；おすすめのポイントなど）】「〜でできている」「〜のためのもの」
It's made of [from/with]... / It's (very)... / for... / to do...

【慣習・傾向】「ふつうは（伝統的には）〜」
usually... / traditionally...

以下では、ナビゲーターに沿って、英文の流れを示します。ナビゲーターの部分を意識しながら音読をしましょう。

何と呼ばれるものか？

Well, that is called "chanko-nabe."

言い換えると（英語で言えば何にあたるか）

Roughly speaking, "chanko-nabe" is a hot pot dish.

それは何の一種か

It's a type of stew.

特徴は何か

You put various ingredients into a pot and simmer them in a soup.

The base soup is made with chicken broth along with *sake* and *mirin* flavoring.

Chanko-nabe is very healthy and nutritious.

慣習としては？

When hearing the word "chanko-nabe," many Japanese think of *sumo* wrestlers.

In fact, it is a typical food for them.

Traditionally, it's cooked by lower-ranking sumo wrestlers in a *sumo* stable.

音読回数チェック　1　2　3　4　5

目の前にないものを描写する

　事物を描写する場合、手元にあったり、ある場所にそのものがあって見ることができるものばかりではありません。Task 問題の「ちゃんこ鍋」は眼前の事物を描写する例ですが、眼の前にない事物を説明することもよくあります。

　事物の描写は基本的に、眼の前のもの、眼の前にないものを問わず共通しています。しかし、眼前にない事物を語る場合には、すでに名前は話題にのぼっているので、「何と呼ばれるものか」の部分は該当しません。まず、それはどういうものであると種類を示し、日本語表現を英語に直訳したり、由来を述べたりします。次に、素材や形状の説明をし、用途や使い方に注目します。そして最後に、コメントを行うのが基本的なナビゲーターです。

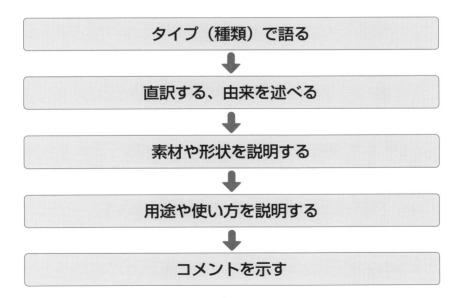

タイプ（種類）で語る

⬇

直訳する、由来を述べる

⬇

素材や形状を説明する

⬇

用途や使い方を説明する

⬇

コメントを示す

Task 2

会話で「ラムネ」が話題になったとしましょう。目の前に
ラムネはありません。「ラムネって何？」と質問されたと
します。どのように説明するでしょうか。日本語の流れを
英語にしましょう。

① ラムネはガラスのビンに入ったソフトドリンクの一種です。

② ラムネという語は lemonade(レモネード) からきています。

③ 日本人たちは「ラムネ」が「レモネード」のような音だと思った
のです。

④ ビンの上のほうに小さなガラスの玉があります。

photo:julos/iStockphoto

⑤ それはキャップです。

⑥ 開けるには、親指でその玉をビンの中に押し込みます。

⑦ 甘くて少し酸っぱい味のする透明のソーダ(clear soda) です。

⑧ 私は、特に暑い夏の日に、ラムネを飲むのが好きです。

解答例を参考に、自分で作成した英文を添削してください。

解答例 06

① *Ramune* is a type of soft drink in a glass bottle.

② The word *ramune* comes from "lemonade."

③ Japanese thought *ramune* sounded like "lemonade."

④ There's a small glass ball at the top of the bottle.

⑤ That's the cap.

⑥ To open it, you push the ball down into the bottle with your thumb.

⑦ It's a clear soda that tastes sweet and a little sour.

⑧ I like it, especially on a hot summer day.

この文章をナビゲーターに沿って分解すると以下のようになります。ナビゲーターの部分も声に出し、流れを意識しながら英文を音読するようにしましょう。

タイプで語ると

Ramune is a type of soft drink in a glass bottle.

由来を述べると

The word *ramune* comes from "lemonade."

 Japanese thought *ramune* sounded like "lemonade."

形状を説明すると

There's a small glass ball at the top of the bottle.

用途・働きを説明すると

That's the cap.

To open it, you push the ball down into the bottle with your thumb.

コメントを加えると

It's a clear soda that tastes sweet and a little sour.

I like it, especially on a hot summer day.

音読回数チェック　1　2　3　4　5

　ここまで学んできた内容を一気に練習する際には、well、I don't know if it's true、I mean、like this などをうまく使いながら、以下のように少しバリエーションを加えるのもよいでしょう。How do you open it? To open it, you push... のように繰り返しながら余裕をもって説明することが相手への伝わりやすさを高めます。

🔊 07

Well, *ramune* is a type of soft drink. It's sold in a glass or plastic bottle. I don't know if it's true, but they say *ramune* comes from "lemonade." I mean, Japanese thought *ramune* sounded like the word "lemonade." In the bottle, there's a small glass ball. It's placed at the top of the bottle, like this (draw a picture). Can you guess what it is? It's the cap. To open it, you push the ball down into the bottle with your thumb. *Ramune* is a clear soda that tastes sweet and a little sour. I really like it, especially on a hot summer day.

そうですね。ラムネは一種のソフトドリンクです。ガラスのビンかペットボトルに入れて売られています。本当かどうかわかりませんが、「ラムネ」は「レモネード」に由来するそうです。つまり、日本人は「ラムネ」を「レモネード」のような発音だと思ったのです。ビンの中に、小さなガラスのボールがあります。ちょうどこんな具合に（イラストを描く）、それはビンの上の部分に位置しています。それが何だかわかりますか。キャップなんです。ビンを開けるには、親指でそのボールをぐっとビンの中に押し込みます。ラムネは甘くて、少し酸っぱい透明のソーダです。特に暑い夏の日に飲むと、おいしいです。

　もうひとつ例を見ておきましょう。

Task 3

「ゆるキャラ」について外国人に説明します。タイプ、由来、形状・素材、機能・目的などはこれまでのナビゲーターと同じです。ここでは、事例を挙げると効果的でしょう。そして最後にコメントを加えます。では下記の日本語を英語にしてください。

① ゆるキャラは一種のマスコットキャラクターです。

② 「ゆるキャラ」という言葉は soft または loose を意味する「ゆるい」、と character を意味する「キャラクター」が結びついたものです。文字通りの意味は「ゆるいキャラクター」です。

③ この場合、「ゆるい」とは「単純で気楽な」ぐらいの意味です。

④ ゆるキャラ衣装は柔らかい素材でできています。

photo:hatogoya

⑤ 人がその衣装を着て、動きや動作でキャラクターを生きているようにさせる (bring the character to life) のです。

⑥ 日本では、都道府県や市町村、会社が自分たちのゆるキャラを生み出しています。

⑦ 熊本県の「くまモン」や千葉県船橋市の「ふなっしー」が有名です。

⑧ 「ゆるキャラ」はプロモーションの目的で多くの県や市町村で作られています。

⑨ 基本的な目的は県や市町村の経済発展に刺激を与える (stimulate) ことです。

⑩ 人々は自分たちのゆるキャラがお気に入りのようです。

⑪ キャラは親しみやすく、かわいらしくて、おもしろいと感じているようです。

① A *yurukyara* is a kind of mascot.

② The word *yurukyara* is a combination of the words *yurui*, meaning "soft" or "loose," and *kyarakuta*, meaning "character." The literal meaning is "loose character."

③ In this case, "*yurui*" means something like "simple and light-hearted."

④ The *yurukyara* costume is made of soft material.

⑤ A person wears the costume and brings the character to life with movement and gestures.

⑥ In Japan, prefectures, cities and companies create their own *yurukyara*.

⑦ Kumamoto Prefecture's mascot, *Kumamon*, and the mascot of Funabashi in Chiba Prefecture, *Funassyi,* are famous.

⑧ *Yurukyara* are produced in many prefectures and cities for promotional purposes.

⑨ The basic aim is to stimulate economic development.

⑩ People seem to love the *yurukyara* of their prefecture.

⑪ The characters are familiar, cute and funny.

この解答例は、以下のナビゲーターに沿って構成されています。

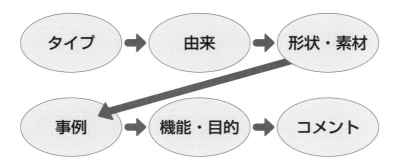

　以下は、解答例をナビゲーターに沿って並べたものです。ナビゲーターを意識しながら英文を音読しましょう。

タイプは？

A *yurukyara* is a kind of mascot.

由来は？

The word *yurukyara* is a combination of the words *yurui,* meaning "soft" or "loose," and *kyarakuta*, meaning "character." The literal meaning is "loose character."

In this case, "*yurui*" means something like "simple and light-hearted."

形状・素材は？

The *yurukyara* costume is made of soft material.

A person wears the costume and brings the character to life with movement and gestures.

事例を挙げると

In Japan, prefectures, cities and companies create their own *yurukyara.* Kumamoto Prefecture's mascot, *Kumamon*, and the mascot of Funabashi in Chiba Prefecture *Funnassyi,* are famous.

機能・目的は？

Yurukyara are produced in many prefectures and cities for the promotional purposes.

The basic aim is to stimulate economic development.

People seem to love the *yurukyara* of their prefecture. The characters are familiar, cute and funny.

音読回数チェック 1 2 3 4 5

Challenge Task

浴衣という日本的なモノを、ナビゲーターを意識して、外国人の友人に説明しましょう。

浴衣

① 由来、タイプは？
② 素材、形状は？
③ 事例：どのような使われ方をする？
④ 機能、目的は？
⑤ コメント

photo:miya227/iStockphoto

| 解答例 | 🔊 09 |

●浴衣

| 由来 |

Originally, *yukata* were worn after taking a bath.

もともとは浴衣は風呂に入った後、湯上がりに身につけるものでした。

| 形状・素材 |

Generally speaking, a *yukata* is a simple *kimono* made of cotton.

一般には浴衣は木綿でつくられた単純な和服です。

| 事例 |

Recently, Japanese people wear *yukata* to nighttime festivals, to watch fireworks, and to attend Bon dances in the summer.

近年、日本人は夏に花火を見たり、盆踊りに参加するために夜祭りに行くときに、浴衣を着ます。

| 機能・目的 |

In addition to it being worn casually outdoors, it is often provided at hot spring inns as nightwear. Guests change into a *yukata* after bathing in a hot spring. They can also sleep in their *yukata*.

さらに外出するときに普段着として着るほか、温泉旅館などでは部屋着として提供され、温泉に入った後に浴衣に着替えることが多いです。浴衣を来たまま寝ることができきます。

| コメント例 |

Whether outdoors or at bedtime, there are many ways to wear a *yukata*, but I surely want to relax in one as soon as I enter a hot spring inn.

外で着たり、寝間着として着たりと、浴衣を着る方法は多くありますが、温泉宿に入ったら、浴衣を着てゆったりしたいものです。

Navigator 3
概念を描写・説明する：定義型と分類型

定義型の概念説明ナビゲーター

文字通りには〜のこと
It literally means...

（…では）〜に近い；〜のようなもの
It's like.../ It's similar to...

具体的にいうと
(More) Specifically... Technically...

簡単にまとめると
In short... Simply put...

分類型の概念説明ナビゲーター

種類・タイプで概略説明　具体的に定義

必要に応じて補足説明

分類

個々の説明

コメントを示す

事物の場合には、その外見やはたらきなどに注目することができるため、英語でも比較的説明しやすいと思います。一方で、アイディアや概念の場合は、定義をして、例示をする方法が基本になります。

定義型の概念説明 ───────

　例えば、「モンスターペアレント」という概念について説明を求められたとします。どういう流れで説明すればよいでしょうか。定義と例示を基本にすれば、以下のようなナビゲーターの流れができます。

● 定義型ナビゲーター

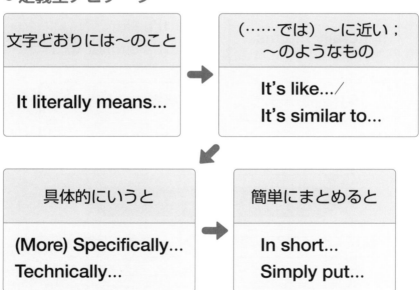

Task 1 左ページのナビゲーターの流れに沿って、「モンスターペアレント」を説明するとどうなるでしょうか。日本語を英語に訳しましょう。

① 「モンスターペアレント」はそのまま "monster parent" の意味です。

② それは、アメリカの helicopter parent のようなものです。

③ 具体的には、自分の子どもへの愛着が強く、教師たちに無理な要求をする親のことをいいます。

④ 簡単にいえば、モンスターペアレントはとても要求の多い親のことです。

① It literally means "monster parent."

② It's like [similar to] a "helicopter parent" in America.

③ Specifically, it refers to a parent who is too attached to their child and makes unreasonable demands on teachers.

④ Simply put, a monster parent is a very demanding parent.

　この文章をナビゲーターに沿って分解すると以下のようになります。ナビゲーターの部分も声に出しながら、英文を音読してみてください。

文字どおりには～

It literally means "monster parent."

類似・種類でいうと（～に近い、～のようなもの）

It's like [similar to] a "helicopter parent" in America.

具体的にいうと

Specifically, it refers to a parent who is too attached to their child and makes unreasonable demands on teachers.

簡単にまとめると

Simply put, a monster parent is a very demanding parent.

音読回数チェック　1　2　3　4　5

[補足]　アメリカでは "helicopter parent(s)" と呼ぶことがあるよう
ですが、Wikipedia によると以下のように説明されています。

🔊 11

"A helicopter parent is a parent who pays extremely
close attention to a child's or children's experiences
and problems, particularly at educational institutions.
Helicopter parents are so named because, like
helicopters, they "hover overhead," overseeing every
aspect of their child's life constantly."　　＊2021年9月現在

ヘリコプターペアレントは、特に教育機関において、子どもたちが体験すること
や問題に極端なまで関心を寄せる親のことをいいます。そういう呼び方をされる
のは、ヘリコプターのように上空を旋回し、子どもの生活のあらゆる面を絶えず
見張っているからです

確かに、日本語のモンスターペアレントと近い感じがします。

▌分類型の概念説明 ─────────

　同じ日本社会に固有な概念記述でも、分類に注目した記述のしかた
があります。Task を通して練習しながら、分類型の概念説明を整理し
てみましょう。

Task 2 「塾」とは何かと問われて、どう説明しますか。下記は日本語で「塾」説明をしています。それを英語に訳してください。

① 塾は学校の一種です。

② 具体的にいうと、英語でいう民間の「クラム・スクール」のようなものです。

③ 生徒たちは通常の学校の後に、さらに勉強するためにそこに行きます。

④ 2種類の塾があります。補習塾と進学塾です。

⑤ 一部の生徒は学校の授業についていくため補習塾に通います。入試の準備のために進学塾に通う生徒がいます。

⑥ よい大学に入るためには塾に通う必要があると思われています。

解答例を参考に、自分で作成した英文を添削してください。

解答例 🔊 12

① A *juku* is a kind of school.

② Specifically, it is like a private cram school.

③ Students go there after regular school for extra study.

④ There are two types of *juku*: *hoshu juku* and *shingaku juku*.

⑤ Some students go to a *hoshu juku* to keep up with school classes, and some attend a *shingaku juku* to prepare for entrance exams.

⑥ It is thought that students need to go to a *juku* to get into a good university.

　塾は日本の言葉（概念）なので「A は英語では B のようなもの」と一言説明し、具体的な定義を行います。必要に応じて補足説明が行われ、A がどういうものを明らかにしてから、分類に移ります。そして、分類されたそれぞれのものの説明をします。そして、必要に応じて最後にコメントを加えるというのが、ここでのナビゲーターです。

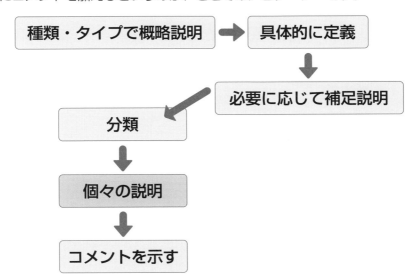

この文章をナビゲーターに沿って分解すると以下のようになります。ナビゲーターの部分も声に出しながら、英文を音読しましょう。

種類・タイプで概略説明：A は一種の〜

A *juku* is a kind of school.

具体的に定義：具体的にいうと（「学校の一種」を受けているので「学校といっても」ぐらいの意味合い）

Specifically, it is like a private cram school.

必要に応じて補足説明

Students go there after regular school for extra study.

分類

There are two types of *juku*: *hoshu juku* and *shingaku juku*.

個々の説明

Some students go to a *hoshu juku* to keep up with school classes, and some attend a *shingaku juku* to prepare for entrance exams.

コメントを示す

It is thought that students need to go to a *juku* to get into a good university.

音読回数チェック　1　2　3　4　5

コラム　定義型と分類型の融合

　概念の説明になると、定義と分類の両方を使うことも多々あります。ここで一例を見ておきましょう。例えば、corporate governance とは何かについて説明するとします。その際に、定義や分類が駆使されます。

🔊 13

[定義] <u>Corporate governance is defined as the system of rules, practices and processes by which a company is directed. Simply put, it is required to balance the interests of a company's stakeholders.</u>　[分類] <u>Usually, stakeholders are grouped into shareholders, customers, suppliers, and management.</u> It is important to have a high level of corporate governance because good corporate governance makes rules and controls transparent, and corporate behavior ethical and sound.

企業統治とは会社の方向づけを行うための規則、慣習、プロセスから成る体系のことと定義することができます。簡単にいえば、会社のステークホルダー（利害関係者）たちの利益のバランスをとるために必要なのです。通常、ステークホルダーは、株主、顧客、サプライヤー（供給者）、経営者に分類されます。高いレベルの企業統治を確保することは重要です。というのは、よい企業統治は規則や管理のありかたを透明にし、企業行動を倫理的で健全なものにするからです。

　A is defined as B で定義を行い、次に、simply put を使って、端的にいえばこういうことになると述べ、ステークホルダーを分類し、そして、企業統治は透明性と説明責任においても重要な役割を果たすと述べる、という流れです。

Challenge Task

次の語を英語で説明しましょう。

やばい

[語句のヒント]

・口語表現　a colloquial expression
・江戸時代から（since the Edo period）存在する
・牢屋や看守を意味する（meaning prison or prison guard）「厄場
　（やば）」という言葉に由来する
・若者たちの間で「すごい（amazing）」「すごすぎる（awesome）」「す
　ごくいい（very good）」

シンプルに「定義」をして「補足説明」をして「コメント」でもよい。

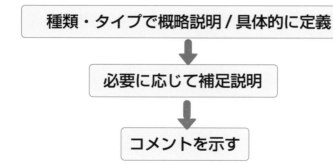

種類・タイプで概略説明 / 具体的に定義

↓

必要に応じて補足説明

↓

コメントを示す

| 解答例 | 🔊 14 |

> 種類・タイプで概略説明して、具体的に定義

It is a colloquial expression used when something inconvenient or bad occurs.

何か不都合なことや悪いことが起こったときに使われる口語的な表現です。

> 補足説明

It is mainly used by younger people, and cannot be used in a formal situation.

It can be pronounced *yabai*, *yabe-* or *yaba*.

The word has actually existed since the Edo period. There are several theories about its origin, but most people think it comes from *yaba*, meaning prison or prison guard.

The word is said to have been used by a thief who was about to get caught.

Since around 1990, it has been used in a positive way to mean "amazing," "awesome," or "very good," especially among young people.

主に若者が使い、フォーマルな場面では使われません。
「やばい」「やべ〜」「やばっ」と発音されます。
実は、これは江戸時代から存在する言葉です。言葉の由来はいくつか説がありますが、たいていの人は、牢屋や看守を意味する「厄場（やば）」という言葉に由来する考えています。
その言葉は泥棒などがつかまりそうになったときに使ったといわれています。
1990年くらいから特に若者たちの間で「すごい（amazing）」「すごすぎる（awesome）」「すごくいい（very good）」など、肯定的な意味でも使われ始めました。

> コメント

Personally, I have never used it in a positive way.
個人的に、私は肯定的な意味で使ったことはありません。

Navigator 4

場面を客観的に描写する

| 場所は？ | 時間は？ | どんなところ？ |

| 誰がいる（目立つ人）？ | 全体 | 何をしている？ |

何がある？(目立つもの)

| ほかにどんな人たち？ | 位置関係は？ |

| 何がある？ | 細部 | 雰囲気は？ |

何をしている？

ここでいう「場面を描写する」とは、典型的には、1枚の写真とか1枚のイラストを描写する方法です。このやり方は訓練すれば、生活の中のどんな場面でもスナップショット的に捉え、英語にするという実践練習を行うことができます。最初は、なかなか思うようにはいきませんが、慣れてくると、場面を描写することが日常的になってくるはずです。

　では、早速、場面描写の Task をしながら、ナビゲーターを自分のものにしましょう。

| **Task 1** | 以下はある場面を描写した日本語です。状況を想像しながら、日本語を英語に翻訳しましょう。 |

① ここは夕方の日本の居酒屋（Japanese pub）だ。

② 小さいがにぎやかな居酒屋のようだ。

③ ほとんどの席が埋まっている。

④ 写真の真ん中の男性はグリルで調理している。

⑤ 鳥を焼いているのだ。

⑥ グリルの隣に大きな壺がある。

⑦ 壺は「タレ」、つまり一種のソースで一杯だ。

⑧ 料理人の後ろに別の人がいて、料理を出している。

⑨ 左手に、焼き鳥、つまり焼いたニワトリを食べている４人の客が見える。

⑩ ３人が男性で、ひとりが女性だ。みんな若く見える。

⑪ 皿にはたくさんの焼き鳥が載っている。

⑫ 彼らはおしゃべりをしながらビールを飲んでいる。

⑬ 仕事帰りで楽しく過ごしているようだ。

解答例　◀)) 15

① This is a Japanese pub in the evening.
② It looks like a small but busy pub.
③ Most of the seats are occupied.
④ The man in the center is cooking on the grill.
⑤ He is grilling chicken.
⑥ There is a large pot next to the grill.
⑦ It's filled with *tare*, a kind of sauce.
⑧ There is another person behind the cook who is serving dishes.
⑨ On the left, I see four customers eating *yakitori*—grilled chicken.
⑩ There are three men and one woman. They all look young.
⑪ There's a lot of grilled chicken on their dish.
⑫ They are talking and drinking beer.
⑬ They seem to be having fun after work.

　英語表現に注目しましょう。この描写のしかたには特徴があります。それは全体から細部へズームインするという手法で表現しているということです。そこで、場面描写の基本となるナビゲーターは以下のようになります。

● 全体から細部にズームイン

全体

場所は？　時間は？

どんなところ？　誰がいる？（目立つ人）

何をしている？　何がある？（目立つもの）

細部

ほかにどんな人たち？　位置関係は？

何がある？　何をしている？　雰囲気は？

　解答例の英文は、以下のようなナビゲーターに沿って表現しています。ナビゲーターを意識しながら、英語を音読しましょう。

全体

場所は？　時間は？

This is a Japanese pub in the evening.

どんなところ？

It looks like a small but busy pub.

Most of the seats are occupied.

目立つ人は何をしている？

The man in the center is cooking on the grill.

He is grilling chicken.

There is a large pot next to the grill.

It's filled with *tare*, a kind of sauce.

細部

ほかにどんな人たち？位置関係は？何がある？

There is another person behind the cook who is serving dishes.

On the left, I see four customers eating *yakitori*—grilled chicken.

There are three men and one woman.

They all look young.

There's a lot of grilled chicken on their dish.

何をしている？

They are talking and drinking beer.

雰囲気は？

They seem to be having fun after work.

Task 2	以下の写真を見て、場面描写を行ってください。まずは、日本語を英語に翻訳しましょう。

① これはランチミーティングの写真です。

② 3人の男性と3人の女性の6人がテーブルのまわりに座っています。

③ みんなカジュアルな服装です。

④ テーブルにはたくさんの仕事の書類があります。

⑤ サンドイッチとクロワッサンもテーブルに載っています。

⑥ 右手の男性はコンピュータを開いています。

⑦ 右下のかどにいる女性が笑っている男性にクロワッサンを手渡しています。

⑧ 彼らはたぶんプロジェクトについて気楽な話し合い (informal discussion) をしているところです。

解答例 🔊 16

① This is a photo of a lunch meeting.

② Six people—three men and three women—are sitting around the table.

③ They are dressed casually.

④ There are a lot of work documents on the table.

⑤ Some sandwiches and croissants are also on the table.

⑥ The man on the right has his computer open.

⑦ The woman in the bottom right corner is passing a croissant to a man who is smiling.

⑧ They are probably having an informal discussion about their project.

　これは、以下のようなナビゲーターで構成されています。ナビゲーターを意識しながら、英語を音読しましょう。

全体

何の写真？

This is a photo of a lunch meeting.

誰がいる？

Six people—three men and three women—are sitting around the table.

どんな様子？

They are dressed casually.

There are a lot of work documents on the table.

ほかに何がある？

Some sandwiches and croissants are also on the table.

何をしている？

The man on the right has his computer open.

The woman in the bottom right corner is passing a croissant to a man who is smiling.

They are probably having an informal discussion about their project.

音読回数チェック　1　2　3　4　5

Challenge Task

下のヒントを参考にしながら、右ページの写真について述べてみましょう。

[ヒント]

① どれぐらいの人がどこにいるか？
② 季節はいつ頃か？
③ 人々の服装は？
④ 何をしているの？
⑤ 写真の中心に見える人物は何をしている？
⑥ テーブルには何がある？
⑦ 酒を飲んでいるのは誰？
⑧ どんな雰囲気？

| 解答例 | 🔊 17 |

> 全体の様子：どれくらいの人がどこにいるか

More than 10 people are standing around a large grill and table.
10人以上の人々が大きなグリルやテーブルのまわりに立っている。

> 季節はいつころか、人々の服装は

The trees are in bloom, so it must be a nice, warm day in spring.

木々の花が咲いているので春の気持ちのよい暖かな日にちがいない。

The people are dressed in lightweight clothes. 人々は薄手の服を着ている。

> 人々は何をしているか

They are having a barbeque party under a large tree.

彼らは大きな木の下でバーベキューパーティーを開いている。

> 中心に見える人物は何をしているか

The man at the grill seems to be the host, and he is handing out food. グリルのところにいる男性はホストだと思われる。食べ物を手渡している。

> さらに描写をする：テーブルの上には何がある？　人々の具体的な様子

There is a lot of food on the table. テーブルの上にはたくさんの食べ物がある。

The man on the far left and the woman on the far right are drinking from open bottles. 左の端にいる男性と右の端にいる女性は栓の開いた瓶から飲んでいる。

> 全体の雰囲気は？

They are smiling, relaxing and having a good time.
笑いながら、くつろぎながら楽しいひとときを過ごしている。

だいぶ慣れてきたことと思います。日本語で場面を描写し、次に日本語を英語に置き換えるというやり方は効果的な学習方法です。生活のいろいろな場面に注目し、ここで学んだナビゲーターの手法を使って、どんどん英語にしていってください。

Navigator 5

出来事を報告する

Pattern 1

①時間はいつか?

②場所はどこか?

③どんな様子か
- ・何がどこにあるか
- ・人々の位置関係、見た目
- ・行動はどうか

④どんな変化が起こっている (起こったか)

Pattern 2

A B C D E F G H

このナビゲーターは出来事の報告に使えるものです。ちょうどニュースのレポーターが現地からライブで起こっていることを報告するように、日常のどんな場面であれ、そこで起こっていることを報告しましょう。ここでのポイントは、静止画について描写する（describing）から、出来事を報告する（reporting）にシフトし、変化に注目することです。

まず時間と場所を示します。そして、どんな様子かを空間描写（何があるか）、人物描写（位置関係、見た目、行動など）を通して行い、どんな変化が起こっているか（あるいは起こったか）に注目します。

 Task 1 以下は、日常のひとコマの描写です。ある朝の電車の中で起こっていることを観察したまま描写しています。まず、出来事を頭に描きながら、日本語を英語に訳しましょう。

① 朝9時頃です。

② 秋葉原行きの電車に乗っています。

③ 車両にはあまりたくさんの乗客はいません。

④ 男性が3人だけ私の前に座っています。

⑤ 見た目で、彼らが何の仕事をしているかを判断するのは難しいです。

⑥ どの人もビジネスマンには見えません。

⑦ 向かって右側の男性は、たぶん 40 代前半でしょう。

⑧ 彼は左手に銀の結婚指輪をしています。

⑨ 真ん中の男性はずっと若く見え、20 代だと思います。

⑩ 眼鏡をかけています。

⑪ そして向かって左側の男性は、膝に黒いカバンをのせて、スマホで忙しそうにしています。

⑫ 実際、3 人ともスマホを持っています。

⑬ 別の男性の乗客が入ってきます。彼もスマホを持っています。

⑭ 彼は私を見て、話しかけようとします。

⑮ 私は彼が何を言っているか聞こえないふりをします。

⑯ すると、彼は私に話しかけるのを止めて、スマホを見始めます。

| 解答例 | 18

① It's about 9 a.m.

② I'm on a train bound for Akihabara.

③ There aren't many passengers in the train car.

④ Just three men are sitting in front of me.

⑤ From their looks, it's hard to tell what they do.

⑥ None of them look like a business person.

⑦ The one on my right is probably in his early 40s.

⑧ He has a silver wedding ring on his left hand.

⑨ The one in the middle looks much younger, probably in his 20s.

⑩ He is wearing glasses.

⑪ And the one on the left, holding a big black bag on his knees, looks busy with his smartphone.

⑫ In fact, all three of them have smartphones.

⑬ Another male passenger joins, and he is also holding a smartphone.

⑭ He looks at me and starts to speak to me.

⑮ I pretend not to hear what he is saying.

⑯ Then, he stops talking to me and begins to look at his smartphone.

この英文は次のナビゲーターを意識して作成しています。

①時間はいつか

②場所はどこか

③どんな様子か　・何がどこにあるか
　　　　　　　　・人々の位置関係、見た目、
　　　　　　　　　行動はどうか

④どんな変化が起こっているか（起こったか）

　この文章をナビゲーターに沿って分解すると以下のようになります。ナビゲーターの部分も声に出しながら、英文を音読しましょう。どんな様子かの部分が詳細に描かれており、次に変化が起こります。

時間はいつか？

It's about 9 a.m.

場所はどこか？

I'm on a train bound for Akihabara.

どんな様子か？

● だれがいるか？

There aren't many passengers in the train car.

Just three men are sitting in front of me.

From their looks, it's hard to tell what they do.

None of them look like a business person.

● 向かって右の人は？

The one on my right is probably in his early 40s.

He has a sliver wedding ring on his left hand.

● 向かって真ん中の人は？

The one in the middle looks much younger, probably in his 20s.

He is wearing glasses.

● 向かって左の人は？

And the one on the left, holding a big black bag on his knees, looks busy with his smartphone.

In fact, all three of them have smartphones.

> **どんな変化が起こったか？**

Another male passenger joins, and he is also holding a smartphone.

He looks at me and starts to speak to me.

I pretend not to hear what he is saying.

Then, he stops talking and begins to look at his smartphone.

もうひとつ例を見てみましょう。以下は、ある散歩の途中で目に留まったことを回想という形で表現したものです。

Task 2 ある散歩の途中で目が留まったことを描写している内容の日本語の文を読んで、時間軸に沿って何が起っているかを確認し、英語にしてみましょう。これは過去を振り返って出来事を報告（report）する事例です。

時間軸に沿って起こったことをあるがままに報告する

A　B　C　D　E　F　G　H

① 五月のある晴れた日、近くを目的もなく散歩していた。

② 目の前に（up ahead）パトカーが見えた。

③ パトカーは道路脇に止まった。

④ ふたりの警察官が出てきて、なにやら打ち合わせをした。

⑤ そのひとりは三叉路（a three-forked road）のほうに歩いて行った。

⑥ 彼はトランシーバー（a walkie-talkie）を手にして電柱（a big utility pole）の側に立った。

⑦ その道路は住宅街にあった。

⑧ 警察官は一時停止の標識（a stop sign）のほうに目を向けていた。

⑨ そこで私は何が起こっているかを理解した。

⑩ 警察官は一時停止の標識を無視して走る車を見張っていたのだ。

⑪ 警察官が立ち位置を決めてしばらくすると、一台のポルシェがゆっくりと一時停止せずに左折した。

⑫ 警官はトランシーバーで仲間に連絡した。

⑬ パトカーの警官が車道に出て、警察棒で指示をして（motion with a baton）、ポルシェを止めた。

⑭ しばらく警官はドライバーと話をしていた。

⑮ どうやらドライバーは免許証の提示を拒んでいるようだった。

⑯ 交渉が続いているようだった。

⑰ すると、また、一台の車が一時停止を無視した。

⑱ 電柱に隠れている警官は、ポルシェのドライバーとまだ話をしている別の警官に違反（the violation）を報告した。

⑲ その警官は即座に応答して、その動いている車に、ポルシェの後に止めるように指示を出した。

⑳ しばらくして、私はコンビニのほうに向かってまた歩き始めた。

① On a sunny day in May, I was walking around aimlessly in my neighborhood.

② I saw a police car up ahead.

③ It pulled over to the curb.

④ Two policemen came out of the car and had a brief conversation.

⑤ One of them started walking towards a three-forked road.

⑥ He stood by a big utility pole with a walkie-talkie in his hand.

⑦ The road was in a residential area.

⑧ The policeman was looking towards a stop sign.

⑨ Then, I understood what was going on.

⑩ The policeman was watching for cars that ignore the stop sign.

⑪ Shortly after the policeman took his position, a Porsche slowly turned left without stopping at the stop sign.

⑫ The policeman talked to his partner over the walkie-talkie.

⑬ The policeman at the patrol car stopped the Porsche by motioning with a baton.

⑭ He talked to the driver for some time.

⑮ It seemed that the driver refused to show his driver's license.

⑯ There was a discussion going on between them.

⑰ Then, another car ignored the stop sign.

⑱ The policeman hiding by the utility pole reported the violation to the other policeman, who was still talking to the driver in the Porsche.

⑲ He quickly responded and motioned to the moving car to stop behind the Porsche.

⑳ After a while, I started walking again towards the convenience store.

時間の推移と出来事の変化に注目すると以下のようになります。出来事の推移に注目しながら、音読しましょう。

流れを示す日本語を口にしながら、英文を読んでください。

A 場面の導入

On a sunny day in May, I was walking around aimlessly in my neighborhood.

B 注目した内容

I saw a police car up ahead. It pulled over to the curb.

C 警察官たちの行動

Two policemen came out of the car and had a brief conversation.

One of them started walking towards a three-forked road.

He stood by a big utility pole with a walkie-talkie in his hand.

The road was in a residential area.

D 警察官の目的

The policeman was looking towards a stop sign.

Then, I understood what was going on.

The policeman was watching for cars that ignore the stop sign.

Shortly after the policeman took his position, a Porsche slowly turned left without stopping at the stop sign.

The policeman talked to his partner over the walkie-talkie.

The policeman at the patrol car stopped the Porsche by motioning with a baton.

He talked to the driver for some time.

It seemed that the driver refused to show his driver's license.

There was a discussion going on between them.

Then, another car ignored the stop sign.

The policeman hiding by the utility pole reported the violation to the other policeman, who was still talking to the driver in the Porsche.

He quickly responded and motioned to the moving car to stop behind the Porsche.

After a while, I started walking again towards the convenience store.

　ここでは、目の前で起こったことを時系列に沿ってあるがままに報告しています。

音読回数チェック　1　2　3　4　5

Challenge Task

電車の中でショルダバッグを忘れたときに、駅員さんに届けるシーンを思い出して報告してみましょう。

[ヒント]

・**必要要素**

　① 何を落としたか

　② どんなバッグか ＜色、材質＞

　③ どの電車に乗っていたか ＜方向、時間＞

　④ 電車のどの位置に乗っていたか

　⑤ カバンの中に入っていたものは何か

| 解答例 | 🔊 20 |

話の導入：時間・場所・何が起きたか

Last night when I tried to get out of the ticket gate, I realized I'd left my bag on the train since I didn't have my train pass.

昨夜、改札口を出ようとして、定期が見当たらず、バッグを電車の中に忘れたのに気がつきました。

I had three bags, but it seems that I left the smaller one on the train seat because I was busy checking emails on my smartphone. カバンを３つ持っていたのですが、スマホでメールのチェックに気を取られて、小さなバッグを電車の座席に置き忘れたようです。

駅員とのやりとりを順番に描写・説明

I immediately went to the station office to tell the staff I'd left my bag on the train that just departed. すぐに駅員さんがいる事務室に行って、先ほど発車したばかりの電車の中にバッグを置き忘れたと伝えました。

I told a staff member I'd left a blue, plastic shoulder bag containing a wallet, a commuter pass, and a paperback book.

忘れたのは青いビニール製のバッグで、中には財布と定期入れと文庫本が１冊入っていたと駅員さんにいいました。

I also told him that I was in car number two.

２号車に乗っていたことも駅員さんに告げました。

He immediately called the next station, but was told they hadn't received any lost item. 駅員さんはすぐに次の駅に電話をしてくれましたが、忘れ物はなにも受け取っていないとのことでした。

He said a staff member at the station further ahead will check inside the train car. さらに先の駅で、駅員さんが車両の中を探してくれることになりました。

After a while, I was informed that my lost bag had been found. しばらくして、忘れたバッグが見つかったという連絡をもらいました。

その後、思ったこと

I was really relieved. 私は本当にほっとしました。

I regretted being so absorbed in my smartphone while carrying so many bags.

手荷物を多く持ったまま、スマホのチェックに熱中していたことを後悔しました。

Navigator 6

誰かを注意する

相手の注意を喚起し、話したい
ことがある旨を伝える

本題に入る

問題点を指摘する

具体例を挙げる

相手を立てる

どうすればよいか提案する

誰かを注意をするというのは難しいものです。場合によっては、批判される側は、傷つき、人間関係がぎくしゃくしたものになってしまいます。そこで相手が納得できるように注意をする必要があります。感情的にならず、相手の顔をつぶさないように、事実を指摘します。

　具体的には、相手の注意を喚起し、話したいことがあると伝えます。そして、本題に入るわけですが、相手の立場を立てつつ、問題点を事実として指摘することが必要です。さらに、問題となる事柄の具体例を示します。こうすれば何が問題であるかが相手に伝わるはずです。そして、できればどうすればよいかを提案すると建設的な会話になるでしょう。

 Task 1 プロジェクトを一緒に取り組んでいる人が時間通りに報告書を出して来ません。別のプロジェクトメンバーが締め切りを守るように指摘します。日本語を英語に訳しましょう。

① ジャニス、ちょっといい？

② 話したいことがあるの。

③ あなたが提出するはずだった報告書についてだけど。

④気がついていないかもしれないけど、この２カ月ずっと報告書を出すのが遅れているみたいね。

⑤最新の報告書は３日前が締め切りだったでしょ。でもまだ受け取っていない。

⑥忙しいのはわかっているわ。たくさんの予期しないことが起こるしね。でも、ちゃんと時間通りに報告書はあげてほしいの。

⑦あなたの報告書は私たちみんなにとって重要なものだから。締め切りに間に合わなければ、チームのほかの人たちの予定が狂っちゃうからね。

⑧仕事をもっと上手にこなすために私にできることがあったら、いつでも遠慮せずにいってね。

⑨あなたが遅れないことが、私たちみんなを助けることになるんだから。

① Hey, Janis, do you have a minute?

② I have something to talk to you about.

③ It's about the reports you were supposed to submit.

④ Maybe you're unaware, but I've noticed you've been late with your reports for the last two months.

⑤ The latest report was due three days ago, but I haven't received it yet.

⑥ I know you're busy and a lot of unexpected things have come up, but we need you to submit your reports on time.

⑦ Your reports are important to all of us, and not getting them in by the deadline really throws the rest of the team off track.

⑧ Please feel free to tell me if there is anything I can do to help you manage your workload better.

⑨ It helps all of us if you don't fall behind.

この英文の背後には、次のようなナビゲーターがあります。

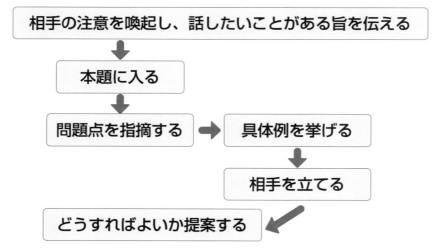

解答例をこのナビゲーターに沿って分解すると以下のようになります。ナビゲーターも声に出しながら、英文を音読しましょう。

注意の喚起：話したいことがある

Hey, Janis, do you have a minute? I have something to talk to you about.

本題に入る

It's about the reports you were supposed to submit.

問題点を指摘する

Maybe you're unaware, but I've noticed you've been late with your reports for the last two months.

具体例を挙げる

The latest report was due three days ago, but I haven't received it yet.

相手を立てる

I know you're busy and a lot of unexpected things have come up,

解決の提案（なぜそうしなければならないか）

but we need you to submit your reports on time.

Your reports are important to all of us, and not getting them in by the deadline really throws the rest of the team off track.

Please feel free to tell me if there is anything I can do to help you manage your workload better.

It helps all of us if you don't fall behind.

もうひとつ例を見てみましょう。ここでは、ある人物の仕事ぶりについて、当人の直接の上司から報告を受けた部長が、その人物に注意をします。平社員といえども、その相手の気持ちを気遣いながら丁寧に注意をするのが TPO をわきまえたやり方です。

Task 2

職場で部下に問題を指摘する場面です。日本語で示した内容を英語に訳しましょう。

① ジョン、ちょっといいかい?

② 君の最近の仕事のことなんだけど。

③ 君がほんの2、3週間前に入社したということは知っているよ。それに会社での仕事に慣れるのに時間がかかるということもね。

④ 君がチームのよいメンバーになろうとしていることも理解しているよ。

⑤ でも先日、君の上司にあたるビルが私のところに来てね。

⑥君が協力的でなく彼のいっていることを聞かないと不満を漏らしたんだ。

⑦ビルは確かに威張っているところがあるかもしれないけど、彼は本当に心のやさしいいい奴なんだ。仕事もできるしね。

⑧ビルは、君の気持ちを傷つけようとしているんじゃないんだ。

⑨よい仲間になって欲しいと思っているんだ、というのは君には可能性がたくさんあると彼は信じているからなんだよ。

⑩そこで私の提案なんだが、ビルの言い方ではなく、いっている内容を聞いてほしいのだよ。

⑪そうすれば、きっと彼は頼れる上司だとわかるようになると思うよ。

① John, can I talk to you a minute?

② It's about your recent job performance.

③ I know you only joined us a few weeks ago and it'll take some time to get used to working at our company.

④ I also understand you're trying your best to be a good member for our team.

⑤ But the other day, your boss, Bill, came to see me.

⑥ He complained that you're not cooperative and don't listen to what he says.

⑦ You know, Bill may seem bossy sometimes, but he's actually a really nice, kindhearted person, and he's very good at his job.

⑧ He's not trying to hurt your feelings.

⑨ He wants you to be a good coworker and believes you have a lot of potential.

⑩ My suggestion is that you listen to what he says and not how he says it.

⑪ If you do that, I'm sure you'll come to understand that he's a dependable boss.

　ここでは、問題点を指摘する前に、相手を立てる言葉を使っています。しかし、基本的なナビゲーターの流れは Task1 の例と同じです。ナビゲーターの部分も声に出しながら、英文を音読しましょう。

注意を喚起する

John, can I talk to you a minute?

本題を述べる

It's about your recent job performance.

相手を立てる

I know you only joined us a few weeks ago and it'll take some time to get used to working at our company. I also understand you're trying your best to be a good member for our team.

問題点を具体的に指摘する

But the other day, your boss, Bill, came to see me. He complained that you're not cooperative and don't listen to what he says.

You know, Bill may seem bossy sometimes, but he's actually a really nice, kindhearted person, and he's very good at his job.

He's not trying to hurt your feelings.

もう一度、相手を立てる

He wants you to be a good coworker and believes you have a lot of potential.

どうすればよいか提案する

My suggestion is that you listen to what he says and not how he says it.

If you do that, I'm sure you'll come to understand that he's a dependable boss.

音読回数チェック　1　2　3　4　5

Challenge Task

　Aさんは入社して1年目の社員です。自分の仕事を終えた後、あるいはアルバイトがAさんが頼んだ仕事を終えた後、問題はないか、大丈夫かどうかを確認しないで、やりっぱなしで「完成しました」と上司に提出してしまうという欠点があります。責任をもった仕事をしてもらうために、上司であるBさんは、Aさんを注意しなければなりません。Bさんになったつもりで、Aさんに苦言を呈してみましょう。

[ヒント]
下のナビゲーターの要素を考慮しながら、組み立ててみましょう。

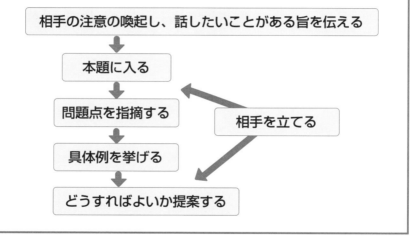

相手の注意の喚起し、話したいことがある旨を伝える

↓

本題に入る

↓

問題点を指摘する

具体例を挙げる

相手を立てる

↓

どうすればよいか提案する

Challenge Task

解答例　 23

相手の注意を喚起し、話したいことがある旨を伝える

Mr. Sato, I have something to talk to you about. Do you have some time?　佐藤君、話したいことがあるんですが、ちょっと時間をとってもらえますか。

本題に入る

I want to talk about the report you gave me yesterday.
君が、昨日渡してくれたレポートについて話したいのですが。

First of all, it's great that you submitted the report within the specified deadline.　指定された期日内にレポートを提出したのは、すばらしいことです。

問題点を指摘する

However, I noticed that there were quite a few imperfections in your report.　しかしながら、あなたのレポートには不完全な箇所が結構あるのに気づきました。

具体例を挙げる

You left the summary of the questionnaire to a part-timer, Ms. Yamai, is that right?　まず、アンケートのまとめの部分はアルバイトの山井さんにまかせたのですよね。そうですよね。

Did you check Ms. Yamai's work?　Unfortunately, I found typographical errors and parts where the numbers did not match.　山井さんがやった内容を確認しましたか？ 残念ながら、誤字脱字と、数字が合わない箇所がいくつか見つかりました。

Also, regarding the customer needs analysis that you wrote based on the questionnaire, I found discrepancies in some of your descriptions upon doing a fact check.　また、君がアンケートを基に書いた顧客ニーズ分析ですが、ファクトチェックをしてみると、君の記述のいくつかに齟齬（discrepancies）が見つかりました。

どうすればいいか提案する

I would like to offer some advice for the next time you are entrusted with a task.　次は君に信頼して仕事をまかせられるよう、アドバイスをしておきます。

Please don't assume something is finished without checking your or someone else's work.　他の人がした仕事も自分自身がやった仕事も、その内容を確認しないで、終わったものと思ってはいけません。

Work passed on to Ms. Yamai is still your own work, so please make sure it is accurate, complete, and ready to submit.　山井さんにまかせた仕事も、あなた自身の仕事の一部です。正確で、完成していることと、提出する準備ができていることを確認してください。

Navigator 7

過去の出来事を感情を込めて描写する

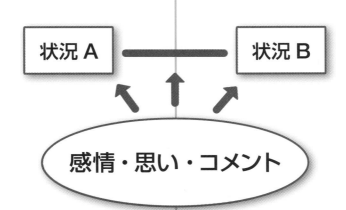

目の前の出来事の報告についてはすでに見てきました。現在形や現在進行形が主な表現になります。出来事の報告には過去の出来事も含まれますが、その場合は過去形と過去進行形が中心になります。ここでは過去の出来事の報告というよりは、過去のことを思い出して感情を込めて話す場合を見てみましょう。怖かったこと、嬉しかったこと、悲しかったことなど、経験した出来事について上手に語るというのは、日本語でも容易ではありません。英語で、となるとなおさらです。

▌過去の出来事を語る基本形 ——————

　まず、基本形から見ていきましょう。まずは上手く語ろうとするのではなく、どんな小さな出来事でもかまわないので、起こったことを、事実として淡々と語るところから始めましょう。最小限の情報展開のユニットとして、ある状況から別の状況への変化を丁寧に表現するとわかりやすいでしょう。さらに、客観的な事実として語るだけでなく、そこに話し手の感情や思いやコメントを盛り込むと、語りの内容がよりリアルになってきます。

　この展開をナビゲーターとして捉えると以下のようになります。

　このナビゲーターを応用すれば、過去の出来事について様々な語り方が可能になります。実際には、「状況Ａ」や「状況Ｂ」のところに、単一の出来事ではなく、複数の出来事の連鎖からなる複合的な状況が含まれることもあります。

　以下、タスクを通じて具体例を見てみましょう。

⌐ Trial ¬

ナビゲーターを活用して、以下の場面を英語で表現してみましょう。

場面：動物園で飼育員さんがゴリラにバナナをやったのを見た。ゴリラはバナナをちらっと見ただけで、投げ捨ててしまったのでガッカリした。

　与えられた状況を視覚的にイメージすると、表現がしやすくなるでしょう。ナビゲーターを活かして、例えば、次のように表現することができるでしょう。

表現例 🔊 24

I went to a zoo. I saw a keeper give a banana to a gorilla. I was sure that he was going to eat it. But to my shock, he just picked it up, looked at it, and threw it.

私は動物園に行った。飼育員さんが一頭のゴリラにバナナを1本与えるのを見た。きっとゴリラはそれを食べるだろうと思った。しかしショックなことに、ゴリラはバナナを持上げ目をやったが、投げ捨てた。

上記の表現例は、以下のように分析することができます。

状況1

I went to a zoo.

状況2

I saw a keeper give a banana to a gorilla.

思い

I was sure he was going to eat it.

感情

But to my shock,

状況3

he just picked it up, looked at it, and threw it.

　この分析で確認できるように、状況1〜3は、客観的な事実の連鎖から成り立っています。それだけでも英語の表現は成立しますが、どこか味気ない感じになってしまいます。それは話し手の感情や思考がまったく語られていないからです。それに対して、上のように「思い」や「感情」が加わると、聞き手にとっても共感しやすい語りになるのです。

ここでは Navigator 5で見たように、出来事（回想）を客観的に語るというより、むしろ話し手の主観的な感情・思い・コメントの部分に重点を置いて語る事例を見ていきます。いわば、複雑な胸の内を言葉にするという展開です。ここで注目したいナビゲーターは以下のようなものです。

● 過去の出来事を語る基本ナビゲーター

① 置かれた状況
・いつ、どこで
・何が起こったか
・状況はどのよう変化したか
・状況変化の中で自分はどういう気持ち(思い)だったか

② 気持ちの露出
・納得できない！、くやしい！、許せない！

③ 気持ちの正当化
・そういう気持ちになるのは当然であると思うこと

④ 今の思い（評価）
・複雑な気持ちはあるが、今では考え方が変わった

ここでは置かれた状況の描写がポイントとなります。何が起こったのかがしっかり説明されると、話し手が経験した気持ちが聞き手にも理解できます。もちろん、話し手としては、ただ「くやしい」というだけでなく、そう感じるのが当然であるという気持ちの正当化を行うでしょう。②から③で複雑な気持ちを露出することで話が終わるかもしれません。しかし、時間が経過していれば、話し手としては、今はどう考えるようになったかを説明するのが自然でしょう。

Task 以下は、ある受験生が受験会場で起こったことについて想いを以下のように綴ったとします。日本語を英語に訳しましょう。

① 今は大丈夫だけれども、起きたことを思い出すと、いまだにイライラする。

② 先日、試験を受けた。

③ それはとても重要な大学入試だったんだ。

④ それはぼくの第一志望の学校で、どうしても受かりたかった。

⑤ 自信もあった。

⑥ しかし、数学の試験中に、ショッキングな出来事が起こった。

⑦ テストが始まるとすぐに、同じテーブルでぼくのとなりに座った男の子がシャープペンを振って、奇妙な音を立てはじめた。

⑧ そいつは音を出すのを止めることもせず、私はとても落ち着かなくなった。

⑨ ぼくは手を挙げてテスト監督者（test proctor）に、男の子に対してペンを振るのを止めるように伝えてほしいと頼んだ。

⑩ その監督者はどうするか助言を求めて上司のところに行った。

⑪ 戻ってくると、その状況ではどうすることもできないとぼくにいった。

⑫ 「もしそうしたければ別の席に移ってもいいよ」と付け足した。

⑬ その生徒はぼくらのことを見ており、音を出すのを止めてくれるだろうとなんとなく期待した。

⑭ しかし、その音はさらにうるさくなった。

⑮ もうこれ以上我慢できなかった。そこで、別のテーブルに移動することにした。

⑯ そんなことで３０分以上も無駄にしてしまった。腹立たしさと
　 イライラは残りの時間ずっと続いた。

⑰ テストの結果が報告された日、ぼくは不合格になったと知った。

⑱ 私は本当に動転してしまった。

⑲ どうしてあんな場所に座らなくちゃいけなかったんだろう？

⑳ どうしてあんな問題児（such a disruptive boy）に出会わな
　 ければならなかったんだろう？

㉑ ぼくは、怒りと悲しみを押さえることができなかった。

㉒ ぼくは何も悪いことをしていない。試験の準備のため最善を
　 尽くしたんだ。

㉓ ぼくの隣の生徒が別人であってくれたなら志望校に入ることが
　 できたのにという思いに苦しめられた。

㉔今は、起こったことであれこれ言っても無駄だとわかってきた。

㉕第一志望の大学に入ることがぼくの最終の目標ではないんだ。

㉖ぼくの最終的な目標は、数学の分野でプロの研究者になり教授になることなんだ。

㉗新しい可能性が先に横たわっている。

㉘大切なことはひとつの有望な可能性をつかみ、一生懸命努力を続けることなんだ。

㉙ぼくの気持ちをやわらげるのに数週間かかったけど、今は、大丈夫だ。

㉚前よりもさらに強くなったような気がする。

① I'm okay now, but I still get frustrated when I remember what happened.

② I took an exam the other day.

③ It was a very important college entrance exam.

④ It was for my first choice school, so I really wanted to pass.

⑤ I was confident.

⑥ However, a shocking thing happened during the math exam.

⑦ Soon after the test started, the boy next to me at the same table started shaking his mechanical pencil, making a strange noise.

⑧ He didn't stop, which made me feel very uneasy.

⑨ I raised my hand and asked the test proctor to tell the boy to stop shaking his pencil.

⑩ The proctor went to the senior proctor for advice.

⑪ He came back and said he couldn't do anything about the situation.

⑫ He added, "You can move to a different seat if you want."

⑬ I naively hoped that the boy would stop, because he was watching us.

⑭ But the noise got even louder.

⑮ I couldn't take it anymore, so I decided to move to a different table.

⑯ I'd wasted over 30 minutes on the whole thing, and my frustration and irritation lasted for the remaining time.

⑰ On the day the test results were announced, I found out I'd failed.

⑱ I was really upset.

⑲ Why did I have to sit at that table?

⑳ Why did I have to encounter such a disruptive boy?

㉑ I could not hold back my anger and sadness.

㉒ I did nothing wrong; I did my best to prepare for the exam.

㉓ I was tormented by the idea that I would have been able to get into the university of my choice if only the student next to me had been a different person.

㉔ Now I know there is no point in complaining about what happened.

㉕ My ultimate goal isn't to get into my first choice university.

㉖ My ultimate goal is to be a professional researcher and professor in the field of mathematics.

㉗ New possibilities lie ahead.

㉘ What's important is to take on promising opportunities and continue working hard.

㉙ It took me several weeks to feel better, but I'm OK now.

㉚ I feel I'm much stronger than before.

　この解答例は以下のようなナビゲーターによって構成されています。ナビゲーターを意識しながら英文を音読してください。

置かれた状況

● 現在どう思っているのか

I'm okay now, but I still get frustrated when I remember what happened.

● 何時、どこでのことか

I took an exam the other day. It was a very important college entrance exam.

● 主人公の思い

It was for my first choice school, so I really wanted to pass. I was confident.

● 何が起きたか

However, a shocking thing happened during the math exam.

● 状況 1

Soon after the test started, the boy next to me at the same table started shaking his mechanical pencil, making a strange noise. He didn't stop, which made me feel very uneasy.

● 状況 2

I raised my hand and asked the test proctor to tell the boy to stop shaking his pencil. The proctor went to the senior proctor for advice.

● 状況 3

He came back and said he couldn't do anything about the situation. He added, "You can move to a different seat if you want."

● 主人公の思い

I naively hoped that the boy would stop, because he was watching us.

● 状況 4

But the noise got even louder. I couldn't take it anymore, so I decided to move to a different table.

● 主人公の思い

I'd wasted over 30 minutes on the whole thing, and my frustration and irritation lasted for the remaining time.

● 結末

On the day the test results were announced, I found out I'd failed.

気持ちの露出

I was really upset. Why did I have to sit at that table? Why did I have to encounter such a disruptive boy? I could not hold back my anger and sadness.

気持ちの正当化

I did nothing wrong; I did my best to prepare for the exam. I was tormented by the idea that I would have been able to get into the university of my choice if only the student next to me had been a different person.

今の思い（まとめ）

Now I know there is no point in complaining about what happened. My ultimate goal isn't to get into my first choice university. My ultimate goal is to be a professional researcher and professor in the field of mathematics. New possibilities lie ahead. What's important is to take on promising opportunities and continue working hard. It took me several weeks to feel better, but I'm OK now. I feel I'm much stronger than before.

　状況の変化の中で主人公の思いをさしはさんでいるのがここでのポイントです。ナビゲーターの流れを意識しながら音読すると、英文の情景が浮かんでくると思います。

音読回数チェック　1　2　3　4　5

最も楽しい思い出として記憶に残っている小学校、または中学校の思い出を友人に語るため、下のナビゲーターをヒントにして、英文を書いてみましょう。

[ヒント]
① 置かれた状況
② 気持ちの露出
③ 気持ちの正当化
④ そのときの出来事から思ったこと

Challenge Task

解答例 1 🔊 26

置かれた状況

It was the summer of my second year in junior high school, when I was on the library committee. それは、中学校2年生の夏で、私が図書委員会に属していたときのことです。

At the time, I was cleaning the library with the committee members and the librarian. そのとき、私は、委員会のメンバーと司書さん（librarian）と図書室の掃除をしていました。

While cleaning, I suddenly found a book with a strange pattern on its spine. What was strange about it was that it was not printed. 掃除中にふと、背表紙に奇妙な模様の入った本を見つけました。その模様が奇妙だったのは、印刷されたものではなかったからです。

When I asked the librarian about it, she told me that it was a mark where the book had been bitten by an insect (booklice, cockroach). 司書さんに聞いたところ、それは本が虫（チャタテムシ [booklice]、ゴキブリ [cockroach]）にかじられた跡だということでした。

Then, we checked the shelves where the books had been placed and found a lot of insect droppings. それで、本が置いてあった棚を調べてみると、そこには虫のフン（insect droppings）が大量に見つかりました。

気持ちの露出

We are very surprised and shocked to know that. それを知って非常に驚くとともにショックを受けました。

気持ちの正当化

It was hard for us to get into cleaning just by being told the importance of cleaning. But once we learned what would happen if we didn't clean, we understood much better. 掃除の重要さを言葉で伝えられただけでは掃除に身が入り（get into cleaning）ませんでした。しかし、掃除しなかったことでどうなるかを学んだことで、よりよく理解しました。

そのときの出来事から思ったこと

Seeing this, we understood the importance of keeping the library clean and tried to clean it more carefully than before. これを見て、私たちは図書室をきれいに保つことの重要性を理解し、今までより丁寧に掃除することを心がけました。

解答例 2 | 🔊 27

置かれた状況

About 15 years ago, when I was still in junior high school, I was learning the Japanese drum, or *wadaiko*. During that summer vacation, I went to a concert by a famous Japanese drum group called Kodo with my parents on Sado Island. 15年くらい前、私がまだ中学生のころのことですが、和太鼓を習っていた私は、夏休みに両親と佐渡島にある鼓童という有名な和太鼓のグループのコンサートに行きました。

We stayed for two nights and I participated in a workshop being held during that time. 2泊して、その期間に行われるワークショップにも参加しました。

Since the concert was held outdoors, my father lined up early in the morning to get a good spot. 野外でコンサートが行われるため、よい場所を取るために、父親が朝早くから並びました。

Many people gathered at the outdoor concert venue, and various songs were played. Everyone was so enthusiastic. 野外で行われたコンサート会場には、たくさんの人がつめかけ、さまざまな曲が演奏され、みんな熱気であふれて（enthusiastic）いました。

The concert itself was held at night, but I participated in two *wadaiko* workshops during the day. コンサート自体は夜に行われたのですが、昼間は和太鼓のワークショップに参加しました。

In the workshops, I learned how to play a large drum, and how to play a song called "Miyake." ワークショップでは、大太鼓の叩き方と「三宅」という曲の演奏法を学びました。

気持ちの露出

Having famous *wadaiko* players teach us directly was a valuable opportunity that I enjoyed very much. プロの和太鼓奏者に直接教えてもらう機会は貴重で、すごく楽しかったです。

今の思い

After that, I continued to play the *wadaiko* until I graduated from high school, and even performed in some concerts. I quit after I entered university because I became busy with club activities. その後、高校を卒業するまで和太鼓を続け、演奏会などで何度も演奏しました。大学に入ってクラブ活動で忙しくなって和太鼓をやめました。

If I have a chance, I would like to practice the *wadaiko* again. 機会があれば、また和太鼓の練習をやってみたいと思っています。

Navigator 8

比較して
描写・説明する

①比べる
　対象を示す → ②比べる
　観点を示す → ③それぞれの
　観点を比較

④統計観察に基づく事実描写

⑤優劣の判断→理由・根拠を示す

⑥結論

物事を比較して述べるという行為は日常的に行われています。比較描写のナビゲーターでは、最初に比べる対象を明示します。ただ、比べる対象を示しても、思いつくまま比較したのでは、まとまり感は出てきません。そこで、比較の観点を示すことが大切です。その上で、それぞれの観点について比較を行います。比較の際には、統計や観察に基づく事実描写と優劣の評価の2通りが考えられます。優劣の評価については、その理由・根拠を示すことが必要ですが、事実描写から比較する場合は、事実が主張の根拠となります。そして、いずれの場合も、比較した上での結論が引き出されます。

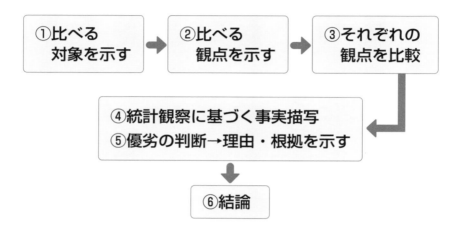

①比べる
　対象を示す → ②比べる
　観点を示す → ③それぞれの
　観点を比較

④統計観察に基づく事実描写
⑤優劣の判断→理由・根拠を示す

⑥結論

　犬も猫もペットとして人気です。犬派（dog person）と猫派（cat person）という言い方があるように、両者には当然違いがあります。犬と猫を比較するにはまず比較の観点を決めてから、比較をしていきます。

Task 1 犬と猫をいくつかの観点から比較しましょう。まず、日本語を英語に翻訳しましょう。

① 4つの観点（鳴き方、警告信号の出し方、爪、行動）から犬と猫を比べます。

[比較の4つのポイント]
(1) 鳴き方　the way they sound
(2) 警告のしかた　the way they give warning signals
(3) 爪　their claws
(4) 行動　their behavior

② まず、大きな、明らかな違いは鳴き方です。

③ 犬は吠えたり、うなったり、遠吠えをしたりします。一方、猫はミャーと鳴きます。

④ 第2に、警告信号の出し方も犬と猫で異なります。

⑤ 犬はふつう、にらみつけたり、歯を剥き出し（bare their teeth）たりして警告を発します。

⑥一方、猫は背中を丸め (arch their backs) て、尻尾の毛を立てます。

⑦3番目に、彼らの爪をよく見ると、明らかな違いに気づくでしょう。

⑧犬の爪は猫ほど鋭くありません。というのは、たぶん犬の爪は外に出ていて、地面を歩くことで爪がすり減るからです。

⑨猫の爪は鋭いです。その鋭い爪を使って物をしっかりつかむのです。

⑩最後に、行動面についていえば、犬は従順で主人の命令に喜んで従います。対比的に、猫は独立していて、同じ従順さ (obedience) は共有していません。

⑪犬は日中に活発です。

⑫ 一方、猫は日中はほとんど寝ていて、夕方になってからのほうが遊びます。

⑬ 犬派の人（dog people）がいれば猫派の人もいます。

⑭ 犬も猫も最高のペットです。

⑮ 彼らは私たちの最高の相棒です。

解答例を見て、自分で作成した英語を添削してください。

① I'd like to compare dogs and cats from four perspectives—the way they sound, the way they give warning signals, their claws, and their behavior.

② First, a major difference is the way they sound.

③ A dog barks, growls, or howls, while a cat meows.

④ Second, the way they give warning signals is different.

⑤ Dogs will usually warn you by staring and baring their teeth.

⑥ On the other hand, cats will arch their backs, and raise the hair on their tails.

⑦ Third, if you take a close look at their claws, you'll find obvious differences.

⑧ Dog claws are less sharp probably because they stick out, and walking on the ground wears them down.

⑨ Cat claws are sharp and used to latch on to things.

⑩ Finally, in terms of their behavior, dogs are obedient and willing to follow their master's orders, whereas cats are independent and do not share the same obedience.

⑪ Dogs are active during the day.

⑫ Cats, on the other hand, sleep most of the day; they are more playful in the evenings.

⑬ Some people are 'dog people' while others are 'cat people'.

⑭ Dogs and cats make great pets.

⑮ They're our great companions (partners).

この解答例は以下のようなナビゲーターによって構成されています。ナビゲーターを意識しながら英文を音読してください。

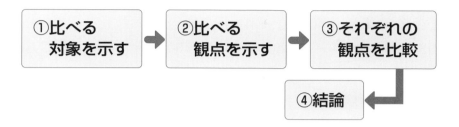

比べる対象を示す

I'd like to compare dogs and cats from four perspectives —

比べる観点を示す

the way they sound, the way they give warning signals, their claws, and their behavior.

それぞれの観点を比較する

（1）第1の観点からの比較

First, a major difference is the way they sound. A dog barks, growls, or howls, while a cat meows.

（2）第2の観点からの比較

Second, the way they give warning signals is different. Dogs will usually warn you by staring and baring their teeth. On the other hand, cats will arch their backs, and raise their hair on their tails.

(3) 第3の観点からの比較

Third, if you take a close look at their claws, you'll find obvious differences. Dog claws are less sharp probably because they stick out, and walking on the ground wears them down. Cat claws are sharp and used to latch on to things.

(4) 第4の観点からの比較

Finally, in terms of their behavior, dogs are obedient and willing to follow their master's orders, whereas cats are independent and do not share the same obedience. Dogs are active during the day. Cats, on the other hand, sleep most of the day; they are more playful in the evenings.

最後に

Some people are 'dog people' while others are 'cat people.' Dogs and cats make great pets. They're our great companions (partners).

音読回数チェック　1　2　3　4　5

photo:omersukrugoksu/iStockphoto

本格的な比較描写 ————

　少し本格的な比較を基にした表現を見ていきましょう。まず、比較する対象を決めます。ただし、対象が決まれば、直ちに比較ができるというわけではありません。そこで必要になるのが比較の際の観点です。例えば3つの観点でふたつの対象を比較するとします。その際には、統計や観察に基づく事実描写としての比較をすることが有効です。そして、最後に結論を述べます。

> ## Task 2
>
> ここでは、イタリアとスペインを簡単な事実に基づいて比較し、描写・説明します。ここで想定されるのは、短いプレゼンテーションです。パーツごとに日本語を英語に訳しましょう。

● Task 2-1 比べる対象を示す

① イタリアとスペインの統計を少し見てみましょう。

② それぞれの国の首都はよく知られていますね。

③ イタリアはローマで、スペインはマドリッドです。

④ 両国とも地中海に面しており、間にフランスがあります。

⑤ スペインはイタリアより国土はずっと広いですが、イタリアの人口はスペインより多いです。

	Italy		Spain
Capital:	Rome		Madrid
Population:	60,589,445	>	46,354,321
Total Area:	301,338 km^2	<	505,990 km^2

Table 1: Demographic Comparison between Italy and Spain

解答例　🔊 29

① Let's take a look at some statistics on Italy and Spain.

② The capitals of each country are well known:

③ Rome in Italy and Madrid in Spain.

④ Both countries face the Mediterranean Sea, with France in between.

⑤ Spain is much larger in area than Italy, but the population of Italy is larger than that of Spain.

● Task 2-2-1 ひとつ目の比較の観点を示す

① さて、観光と食文化のふたつの観点から両国を比較したいと思います。

② まず、観光について簡単に見てみましょう。

③ 以下の表でわかるように、イタリアは中国とともに世界遺産の数で世界トップです。スペインはそれに続きます。

Ranking	Country	World Heritage Sites
1	Italy	55
	China	55
2	Spain	48
3	Germany	46
4	France	45

Table 2: Country ranking in terms of the number of World Heritage Sites as of 2019

解答例 🔊 30

① Now, I'd like to compare the two countries from two perspectives: tourism and food culture.

② First, let's take a brief look at tourism.

③ As you can see in the table below, Italy is ranked at the top in terms of the number of World Heritage Sites along with China. Spain comes next.

● Task 2-2-2 ひとつ目の比較の観点の続き

① イタリアもスペインも世界遺産の数でトップ5に入っています。

② 世界遺産は主要な観光の魅力です。そしてそのことが両国を旅行者にとって人気の行先になっているのです。

 🔊 31

① Both Italy and Spain are among the top five countries in terms of the number of World Heritage Sites.

② World Heritage Sites are major sightseeing attractions, which is one reason both countries are popular tourist destinations.

● Task 2-2-3 ひとつ目の比較の観点の続き

① 表3を見てみましょう。

photo:PhotoFires/iStockphoto,ValeryEgorov/iStockphoto

② 75,315,000人が2016年にスペインを訪れています。

③ スペインへの旅行者の数は1995年から2016年の間で、ほぼ倍になっています。

④ イタリアは1995年には31,052,000人の旅行者を惹きつけましたが、その数字は2016年には52,372,000人に跳ね上がっています。

Spain	Italy
1995: 32,971,000	1995: 31,052,000
2016: 75,315,000	2016: 52,372,000
3rd most popular country	5th most popular country

Table 3: The number of tourists in Italy and Spain
https://data.worldbank.org/indicator/ST.INT.ARVL

| 解答例 | 🔊 32

① Take a look at Table 3.

② Seventy-five million, three hundred fifteen thousand people went to Spain in 2016.

③ The number of tourists going to Spain almost doubled between 1995 and 2016.

④ Italy attracted thirty-one million, fifty-two thousand tourists in 1995, and the figure rose to fifty-two million, three hundred seventy-two thousand in 2016.

● Task 2-2-4 ひとつ目の比較の観点の続き

観光者の数では、スペインのほうがイタリアより人気ですが、間違いなく、両国とも観光客に最も人気のある国のひとつであることに違いはありません。

| 解答例 | 🔊 33

In terms of the number of tourists, Spain is more popular than Italy. However, both are definitely among the most popular countries for tourists.

● Task 2-3-1 ふたつ目の比較の観点

① 2番目の比較の観点は食べ物です。

---

② 図1でわかるように、スペインは、コロッケ、パエリア、ガスパッチョのような料理で有名です。一方、イタリアはピザ、ラザニア、リゾットといった料理で有名です。

---

③ 確かではありませんが、スペインのコロッケは，日本のコロッケとは違い，中に魚や生ハム（proscuitto: プロシュート）を入れて作るようです。

Spanish Food

Croquettes　　　　Paella　　　　Gazpacho

Italian Food

Pizza　　　　Lasagna　　　　Risotto

Figure 1: Typical foods in Italy and Spain

解答例  34

① Our second perspective for comparison is food.

② Spain is famous for dishes like croquettes, paella and gazpacho, while Italy is famous for dishes like pizza, lasagna and risotto, as you can see in Figure 1.

③ I'm not sure, but unlike Japanese croquettes, Spanish croquettes seem to be made with fish and prosciutto.

● Task 2-3-2 ふたつ目の比較の観点の続き

① イタリア人はピザをいつも食べ、スペイン人はパエリアをいつも食べていると思っている人がいるかもしれません。

---

photo:Tomás Guardia Bencomo/iStockphoto,luchezar/iStockphoto,etorres69/iStockphoto,davit85/iStockphoto,arkpo/iStockphoto,ElvisFernandes85/iStockphoto

② 実のところ、イタリア人の多くはパエリアが好きで、スペイン人の多くもピザが好きです。

③ 実際、食事については両国には多くの類似性があります。

④ 両国の人々はともにたくさんの野菜、果物、豆、パン、パスタ、シーフード、肉、チーズ、ヨーグルトを食べ、料理にはオリーブ油とガーリックを使います。

| 解答例 |  35

① Some people think Italians always eat pizza and Spanish people always eat paella.
② Actually, many Italians love paella, and many Spanish people love pizza.
③ In fact, there are many similarities between the two countries in terms of diet.
④ Both countries eat lots of vegetables, fruit, beans, bread, pasta, seafood, meat, cheese and yogurt, and often cook with olive oil and garlic.

● Task 2-3-3 ふたつ目の比較の観点の続き

① 食文化において、イタリアとスペインの違いは何でしょうか？

② イタリア人にとって食べ物はとても大切です。

③ イタリア人は「食べ物のない人生なんて」ということがあります。

④ イタリア人は食べ物をとても真剣に受け止めているのです。

⑤ 世界的なファーストフードの傾向に対して、スローフードの運動は、実際にイタリアで起こりました。

⑥ 平均して、イタリア人は飲み食いに1日約2時間かけるのです。

⑦ スペインはどうでしょうか。

① What are some differences between Italy and Spain in terms of food culture?

② For Italians, food is very important.

③ Italians sometimes say, "What would life be without food?!"

④ They take food very seriously.

⑤ The "slow food" movement actually started in Italy, to counter the worldwide fast food trend.

⑥ On average, Italians spend about two hours per day eating and drinking.

⑦ But what about Spain?

● Task 2-3-4 ふたつ目の比較の観点の続き

① スペインもスローフードの運動に加わっていると思われるかもしれません。

② しかし、驚くことに、表4に見られるように、スペインの人々は一日の飲み食いに、平均して、わずか約1時間しかかけません。

③ これは、まさにファーストフードの国である米国とほとんど同じです。

	Male	Female	
France (1)	133 minutes	130 minutes	Table 4: Average minutes per day spent eating and drinking in OECD countries by gender, as of 2018　＊( )内の数字は順位を表しています。
Denmark (2)	118	120	
Italy (3)	117	112	
Spain (24)	66	61	
United States (25)	63	61	
Source: Statista 2018			

解答例  37

① You may think Spain is part of the slow food movement, too.

② But surprisingly, as Table 4 shows, people in Spain only spend about an hour per day eating and drinking on average.

③ This is almost the same as the United States, a "fast food country."

● Task 2-4 まとめ

要約：ふたつの観点からイタリアとスペインの簡単な比較をしました。その結果は以下のようにまとめることができるでしょう。

① イタリアもスペインも訪問するのに魅力的な国です；両国とも多くの世界遺産をもち、増加する多くの観光客を引きつけています。

② 両国ともに、似た素材を使ったよく知らせた料理があります。

③ 個人的には、イタリア人のほうがスペイン人よりも食事時間が
　長いというところがおもしろいと感じました。

| 解答例 |　🔊 38

Summary

I have given a brief comparison of Italy and Spain from two
perspectives. We can summarize the results as follows:

① Both Italy and Spain are attractive countries to visit; both
　have many World Heritage Sites and attract an increasing
　number of tourists.

② Both countries have well known cuisine, made with similar
　ingredients.

③ Personally, I found it interesting that Italians spend much
　more time eating than Spanish people.

ここで比較のためのナビゲーターをもう一度確認しておきましょう。

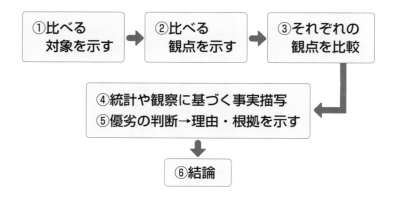

① 比べる対象を示す

Let's take a look at some statistics on Italy and Spain. The capitals of each country are well known: Rome in Italy and Madrid in Spain. Both countries face the Mediterranean Sea, with France in between. Spain is much larger in area than Italy, but the population of Italy is larger than that of Spain.

	Italy	Spain
Capital:	Rome	Madrid
Population:	60,589,445	46,354,321
Total Area:	301,338 km2	505,990 km2

Table 1: Demographic Comparison between Italy and Spain

比較の観点を示す

Now, I'd like to compare the two countries from two perspectives: tourism and food culture.

それぞれの観点を比較する

● 第1の比較の観点

First, let's take a brief look at tourism. As you can see in the table below, Italy is ranked at the top in terms of the number of World Heritage Sites along with China. Spain comes next.

Ranking	Country	World Heritage Sites
1	Italy	55
	China	55
2	Spain	48
3	Germany	46
4	France	45

Table 2: Country ranking in terms of the number of World Heritage Sites as of 2019

Both Italy and Spain are among the top five countries in terms of the number of World Heritage Sites. World Heritage Sites are major sightseeing attractions, which is one reason both countries are popular tourist destinations.

Take a look at Table 3. Seventy-five million, three hundred fifteen thousand people went to Spain in 2016. The number of tourists going to Spain almost doubled between 1995 and 2016. Italy attracted thirty-one million, fifty-two thousand tourists in 1995, and the figure rose to fifty-two million, three hundred seventy-two thousand in 2016.

Spain	Italy
1995: 32,971,000	1995: 31,052,000
2016: 75,315,000	2016: 52,372,000
3rd most popular country	5th most popular country

Table 3: The number of tourists in Italy and Spain
https://data.worldbank.org/indicator/ST.INT.ARVL

In terms of the number of tourists, Spain is more popular than Italy. However, both are definitely among the most popular countries for tourists.

● 2番目の比較の視点

Our second perspective for comparison is food. Spain is famous for dishes like croquettes, paella and gazpacho, while Italy is famous for dishes like pizza, lasagna and risotto, as you can see in Figure 1. I'm not sure, but unlike Japanese croquettes, Spanish croquettes seem to be made with fish and prosciutto.

Spanish Food

Croquettes   Paella   Gazpacho

Italian Food

Pizza   Lasagna   Risotto

Some people think Italians always eat pizza and Spanish people always eat paella. Actually, many Italians love paella, and many Spanish people love pizza. In fact, there are many similarities between the two countries in terms of diet. Both countries eat lots of vegetables, fruit, beans, bread, pasta, seafood, meat, cheese and yogurt, and often cook with olive oil and garlic.

● 統計に基づく事実の描写

What are some differences between Italy and Spain in terms of food culture? For Italians, food is very important. Italians sometimes say, "What would life be without food?!" They take food very seriously. The "slow food" movement actually started in Italy, to counter the worldwide fast food trend. On average, Italians spend about two hours per day eating and drinking. But what about Spain?

You may think Spain is part of the slow food movement, too. But surprisingly, as Table 4 shows, people in Spain only spend about an hour per day eating and drinking on average. This is almost the same as the United States, a "fast food country."

	Male	Female
France (1)	133 minutes	130 minutes
Denmark (2)	118	120
Italy (3)	117	112
Spain (24)	66	61
United States (25)	63	61
Source: Statista 2018		

Table 4: Average minutes per day spent eating and drinking in OECD countries by gender, as of 2018

結論

Summary

I have given a brief comparison of Italy and Spain from two perspectives. We can summarize the results as follows:

① Both Italy and Spain are attractive countries to visit; both have many World Heritage Sites and attract an increasing number of tourists.

② Both countries have well known cuisine, made with similar ingredients.

③ Personally, I found it interesting that Italians spend much more time eating than Spanish people.

　このように実際のケースを取り上げ、シミュレーションをしてみると、一見難しそうに思えた課題も、「なんとかなりそう」という気持ちになると思います。実際、これぐらいのプレゼンテーションができれば、自分の英語力にかなり自信をもってよいと思います。

Challenge Task

「ラグビーとサッカー」のふた組みを下記のナビゲーターに沿って比較し、それぞれの特徴を述べてみましょう。

 ①比べる
　　対象を示す
→
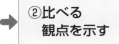 ②比べる
　　観点を示す
→
③それぞれの
　観点を比較

④統計に基づく事実描写
⑤優劣の判断→理由・根拠を示す

 ⑥結論

[ヒント]

① ゲームの発祥　the origin
② 試合形式　the game format
③ 実際にフィールドに立つ人の数　the number of players per field
④ 用具　the equipment
⑤ 得点の取り方　the scoring system
⑥ 競技の方法　the playing method
⑦競技人口　the player population

Challenge Task

| 解答例 | 🔊 39

┌─────────────────┐
│ 比べる対象を示す │
└─────────────────┘

I would like to compare rugby and soccer.

ラグビーとサッカーを比較してみたいと思います。

┌─────────────────┐
│ 比べる観点を示す │
└─────────────────┘

I'll compare the origin, game format, number of players per field, equipment, scoring system, playing method and player population of each sport.

それぞれのゲームの発祥（origin）や、試合形式（game format）、実際のフィード
に立つ人数、用具（equipment）、得点のとりかた、競技の方法、競技人口（player
population）について比較します。

┌─────────────────────┐
│ それぞれの観点を比較する │
└─────────────────────┘

First, I would like to compare the birthplace of each sport. Rugby was invented at Rugby School in Rugby, England. Soccer seems to have been played since ancient times, but it was organized into its current form in the 19th century.

まず、ゲームの発祥地（birthplace）について比較したいと思います。ラグビーはイング
ランドのラグビーにあるラグビー校を発祥地とします。サッカーは古代から行われてい
たと思われていますが、現在のサッカーの形にまとまったのは19世紀です。

Next, I will compare the formats of each sport. Rugby consists of two teams of 15 players each (there are also 10- and 7-player formats). They compete by trying to score an oval ball into the opponent's goal. Players can also kick the ball into the upper part of the H-shaped goal to score points. Players are allowed to play with their whole body, but are not allowed to throw the ball forward.

次に試合形式の比較をします。ラグビーは15人（10人制や7人制もある）の2チー
ムで構成されます。ふたつのチームは楕円形のボールを敵方のゴールに入れて得点し
ます（トライ）。選手はH型のゴール上部（the upper part of the H-shaped goal）
に蹴り入れることでも得点が得られます（コンバージョンゴール）。選手は全身でプレ
イすることは許されていますが、前方へボールを投げることは禁止されています。

Soccer follows an 11-player format, with two teams scrambling to score against each other using a round ball. The use of hands is not allowed, and players must kick the ball into the goal, which is defended by a goalkeeper. The goalkeeper is the only player allowed to use their hands; if any other player uses their hands, they will receive a foul.

サッカーは11人制で行われ、試合はふたつのチームに分かれて行われ、球形のボールを奪い合って得点します。手を使うことは許されず、ゴールキーパーの守る相手のゴールにボールを蹴り入れて得点をします。手を使うことができるのはゴールキーパーだけで、他のプレーヤーが手を使えば反則になります。

統計や観察に基づく事実描写

Finally, I will compare the player population of each sport. About 10 to 20 million people play rugby, while around 260 million people play soccer.

最後にそれぞれのスポーツの競技人口について比較します。競技人口を比較すると約1000～2000万人がラグビーをしており、約2億6000万人がサッカーをしています。

結論

In terms of player population and fanbase, soccer is a much larger sport than rugby.

競技人口やファンについては、サッカーのほうがラグビーよりも圧倒的に多いです。

No sport has superiority over the other, but the chances of meeting a soccer fan anywhere in the world are extremely high.

スポーツには優劣はないと思いますが、世界のどこへ行ってもサッカーの愛好家に会える確率は極めて高いといえます。

[ラグビーファンのコメント]

Since the entire body is used, Rugby is almost like brave hand-to-hand combat. That's why I love watching it although I can't play it myself.

体全体を使うラグビーは、さながら勇壮な肉弾戦のようです。自分ではできないけれども、そこがラグビーを見るのが大好きな理由です。

　photo:Dmytro Aksonov/iStockphoto

Navigator 9

批評・
コメントをする

内容記述	印象 解釈	個人的見解 （評価）

**ここの部分は批評対象に
よって変わる**

例：**何を読んだか**
（見たか、聞いたか）

どう思ったか
（例 形容詞で）

どういうプロット
（話題、展開）だったか

ここでは「批評」という言葉を広い意味で使っています。食事について
いてコメントしたり、パフォーマンスや、小説、映画などの批評をす
るなど、一般的には何かについてコメント（意見）を述べることを、
ここは「批評する」という言葉で使っています。

　どのような批評であれ、①批評する対象の内容を記述し、②それに
ついてどういう印象をもつか（どう解釈するか）、さらに、③個人的に
どういう評価を下すか、の３つが含まれます。

内容記述　➡　印象・解釈　➡　個人的見解（評価）

食事に対するコメント

Task 1　ある食事について簡単なコメントをする日本語の文を見て
英語にしていきましょう。

① 数日前に、同僚と仕事で小倉に行きました。

② 以前の教え子のひとりが、そこの大学で教えていることもあり、
街で一番の和食の店を見つけるように頼みました。

③ 幸運にも、とても居心地のよいお店で３人分の個室を予約す
ることができました。

④午後6時頃、店に到着し、個室に座りました。

⑤シェフズスペシャルを注文しました。

⑥果物のデザートも含めて、全部で7品でした。

⑦5品は魚料理でした。

⑧毎日、海で取り立ての最高の魚がお店に運ばれるのです。

⑨どの料理も見事な腕で料理されており、美しくそして美味でした。

⑩完全に堪能しました。

⑪値段は手頃で、サービスはすばらしいものでした。

⑫季節ごとにそこに行って食事をしたいものです。

① A couple days ago, a colleague and I went to Kokura on business.

② One of my former students teaches at a college there. I asked him to find the best Japanese restaurant in town.

③ Luckily, we were able to reserve a private room for three in a very cozy restaurant.

④ We arrived at the restaurant at around 6 p.m., and were seated in the private room.

⑤ We ordered the chef's special.

⑥ There were seven dishes in all, including a fruit dessert.

⑦ Five of the dishes were fish dishes.

⑧ The best fresh fish from the sea is brought to the restaurant every day.

⑨ Every dish was cooked with great skill, and was beautiful and delicious.

⑩ We thoroughly enjoyed it.

⑪ The price was reasonable and the service was excellent.

⑫ I'd like to go eat there each season.

　ここでのナビゲーターは以下の通りです。内容記述には、日時・場所・参加者と何を食べたかのふたつが主要な情報として入ります。それに、印象、そして評価と続きます。

ナビゲーターの部分を声に出しながら英文を音読しましょう。

内容記述

A couple days ago, a colleague and I went to Kokura on business. One of my former students teaches at a college there. I asked him to find the best Japanese restaurant in town. Luckily, we were able to reserve a private room for three in a very cozy restaurant.

We arrived at the restaurant around at 6 p.m., and were seated in the private room. We ordered the chef's special. There were seven dishes in all, including a fruit dessert. Five of the dishes were fish dishes. The best fresh fish from the sea is brought to the restaurant every day.

印象

Every dish was cooked with great skill, and was beautiful and delicious.

評価

We thoroughly enjoyed it. The price was reasonable and the service was excellent. I'd like to go eat there each season.

本格的な批評 ━━━━━━━━━━━━━━━━

　本格的な批評としては、小説、映画、音楽などを体験して、その作品評価を行う場合を想像してください。ここでは、ある感動的なエッセイを読んだとします。

　書評をするのは、ハードルの高い課題かもしれません。しかし、何を書けばよいのかがわかれば、意外と簡単にクリアできるハードルになるかもしれません。ここでは実際に書評の対象となる短編を読みましょう。何度も読み、内容をしっかり把握し、味わうことが、書評を書く際の最大の前提になります。

 ここで事例にするのは、*The Window* という短編小説です。

● Step 1

　実際に批評することを体験していただくため、以下に *The Window* の全文を示します。これを読んで、作品批評を行います。まず、読んでみましょう。何度も繰り返し音読し、内容を味わってください。

The Window (author unknown) 41

Two men, both seriously ill, occupied the same hospital room. One man was allowed to sit up in his bed for an hour each afternoon to help drain the fluid from his lungs. His bed was next to the room's only window. The other man had to spend all his time lying flat on his back. The men talked for hours on end. They spoke of their wives and families, their homes, their jobs, their involvement in the military service, and where they had been on vacation.

And every afternoon, when the man in the bed by the window was allowed to sit up, he would pass the time by describing to his roommate all the things he could see outside the window. The man in the other bed began to live for those one-hour periods where his world would be broadened and enlivened by all the activity and color of the world outside.

The window overlooked a park with a lovely lake. Ducks and swans played on the water while children sailed their model boats. Young lovers walked arm in arm amidst flowers of every color of the rainbow. Grand old trees graced the landscape, and a fine view of the city skyline could be seen in the distance.

As the man by the window described all this in exquisite detail, the man on the other side of the room would close his eyes and imagine the picturesque scene. One warm afternoon the man by the window described a parade passing by. Although the other man couldn't hear the band, he could see it in his mind's eye as the gentleman by the window portrayed it with descriptive words.

Days and weeks passed.

One morning, the day nurse arrived to bring water for their baths, only to find the lifeless body of the man by the window, who had died peacefully in his sleep. Saddened, she called the hospital attendants to take the body away. As soon as it seemed appropriate, the other man asked if he could be moved next to the window. The nurse was happy to make the switch, and after making sure he was comfortable, she left him alone.

Slowly, painfully, he propped himself up on one elbow to take his first look at the world outside. Finally, he would have the joy of seeing it for himself. He strained to slowly turn to look out the window beside the bed. It faced a blank wall.

The man asked the nurse what could have compelled his deceased roommate to describe such wonderful things outside this window. The nurse responded that the man was blind and could not even see the wall. She said, "Perhaps he just wanted to encourage you."

Epilogue: There is tremendous happiness in making others happy, despite our own situations. Shared grief is half the sorrow, but happiness, when shared, is doubled. If you want to feel rich, just count all of the things you have that money can't buy. Someone once said, "Today is a gift, that's why it is called the present."

訳：
『窓』（作者不詳）
ともに重病のふたりの男性が、同じ病院の一室に入院していました。ひとりのほうは肺から液を抜くため、午後になると1時間だけベッドから起き上がることが許されていました。彼のベッドは部屋にひとつしかない窓の隣にありました。もう一方の男性は仰向けになってずっと過ごさなければなりませんでした。ふたりは何時間も延々と話をしました。妻のことや家族のこと、家庭のこと、仕事のこと、兵役に関与したこと、そして休暇にはどこへ行ったかについて話したのです。

そして、午後になって、窓側の男性が起き上がることを許されると、ルームメイトに対して、彼は窓の外に見えることを何でも語って過ごしたのです。もうひとつのベッドの男性は、毎日の1時間を、世界が広がり、外で起こっている活動や色合いによって活気づけられるような思いで過ごしたのです。

窓からは美しい湖のある公園が眼下に見えました。子どもたちがボートを漕いでいる傍らでは、アヒルや白鳥が湖上で戯れていました。若い恋人たちが、虹のように色とりどりに咲き誇る花の中を、腕を組んで歩いていました。立派な古木が風景を優雅なものにしてくれて、街並の見事な景観の輪郭が遠くに見えました。

窓側の男性がこうしたことを全部、実に詳細に述べている間、部屋の反対側の男性は目を閉じ、この絵のように美しい場面を想像するのです。ある暖かい午後、窓辺の男性が、パレードが通っていく様子を語ってくれました。もうひとりの男性にはバンドの音は聞こえませんが、窓辺の紳士が丁寧に様子を描き出すと、自分の心の目でバンドが見えたのでした。

何日も何週間もが過ぎました。

ある朝、通いのナースが入浴のためのお湯を持ってきたとき、窓辺の男性が息をしていないことに気づきました。就寝中に静かに息を引き取ったのです。悲しいことでしたが、死者の体を別のところに移すため、病院の付き添いを呼びました。適当だと思われた頃を見計らって、もうひとりの男性は、窓の側のベッドに移れるかどうかを尋ねました。ナースは喜んでベッドの交換をしてくれました。彼が苦痛がないかどうかを確認して、ナースは彼をひとりにしてその場を去りました。

ゆっくりと、苦痛の中で、彼は初めて外の世界を見るため、ひじをついて体を起こしました。ついに、自分で見る喜びを味わうはずでした。彼はゆっくりと懸命に、ベッドの側の窓の外を見ようと体を向けました。そこにあったのは、白地の壁でした。

男性は、亡くなった男性がこの窓の外のすばらしいことを説明しようと思ったのはなぜか、とナースに尋ねました。彼は盲目で壁さえ見えなかったのだ、とナースは答えました。「おそらく、あなたのことをただ元気づけたかったのでしょう」といいました。

エピローグ：自分の状況がどんなものであれ、他人を幸せにすることによるとてつもない幸せというものがあります。悲しみを共有することは辛さを半分にしてくれます。しかし、幸福は、共有されたとき、2倍になります。豊かな気持ちになりたければ、お金では買うことのできないものをどれだけもっているか数えてみなさい。「今日は贈り物（gift）なのです。だからこそ「プレゼント（present）」というのだ」といった人がいました。

● Step 2

The Window を読んだ後、書評を書きましょう。まず、下記の日本語の内容を英語に訳してください。

---

① 先日、雨が降っていたため、家にいて短い物語を読みました。

---

② 友人がそれを高く評価していたからです。

---

③ 作者は不詳ですが、タイトルは *The Window* でした。

---

④ 一言でいうと、それは見事な文体で書かれたとても感動する話です。

---

⑤ 何度も読み直しました。

---

⑥ それは、病室をシェアした重病のふたりの男性についての話です。

---

⑦ ベッドが窓 (部屋で唯一の窓) の近くにあった男性が外で起こっていることを話し、自由に動くことのできないもうひとりの男性が注意深くそれを聞くというものです。

⑧ 窓辺の男性は美しくて、生き生きした情景をとても詳しく説明します。もうひとりの男性は彼の話を聞くのがとても楽しみです。

⑨ しかし、ある日、窓辺の男性が亡くなりました。

⑩ 後に、もうひとりの男性はナースに自分のベッドを窓辺に移動したいと頼みます。

⑪ 自分でも外を見てみたいからです。

⑫ 期待しながら、窓のほうに体を向けてみます。しかし、窓の外にあるのは白地の壁のみです。

⑬ 亡くなった男性は盲目だった、とナースは告げます。

⑭ その男性は彼の友人を喜ばせるため、彼が「見た」ものを説明したのです。

⑮ この物語を読んだとき、深く感動しました。

⑯ 心がやさしくて暖かい気持ちになりました。

⑰ 私の一番お気に入りの物語のひとつになりました。

⑱ あなたもぜひ読んでみてください。

解答例　◀》 42

① The other day, I stayed inside to read a short story because it was raining.

② A friend of mine had recommended it highly.

③ The author is unknown. The story is called "The Window."

④ In a word, it is a very touching story written in an elegant style.

⑤ I reread it several times.

⑥ It's about two men, both seriously ill, who share a hospital room.

⑦ One man, whose bed is near a window (the only window in the room), describes what is going on outside, while the other man, who can not move freely, listens attentively.

⑧ The man by the window describes a beautiful, lively scene in great detail. The other man loves hearing these descriptions.

⑨ But one day, the man by the window dies.

⑩ Later, the other patient asks the nurse to move his bed near the window.

⑪ He wants to look outside for himself.

⑫ He turns toward the window in expectation—but the only thing outside the window is a blank wall.

⑬ The deceased man had been blind, the nurse tells him.

⑭ He described what he "saw" to make his friend happy.

⑮ When I read the story, I was deeply moved.

⑯ I felt tender and warm inside.

⑰ It has become one of my favorite stories.

⑱ I recommend that you read it, too.

ここでは少し長めの批評になるため、要点をまず述べます。「何を読んだか」、そして端的に「どう思ったか」です。その上で、読んだ内容（プロット）の説明をします。さらに、印象的なところに焦点を当て（フォーカシング）、それについて述べます。最後に、作品に対する個人的な見解を述べるという流れです。

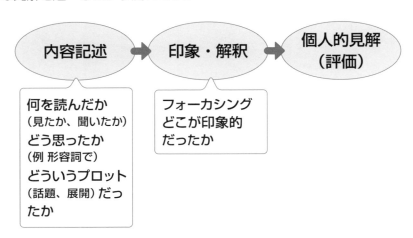

　ここで示したナビゲーターの流れに合わせると、以下のようになります。ナビゲーターを意識しながら音読してください。

> ① 何を読んだか

The other day, I stayed inside to read a short story because it was raining. A friend of mine had recommended it highly. The author is unknown. The story is called "The Window."

> ② どう思ったか

In a word, it is a very touching story written in an elegant style. I reread it several times.

③ 内容記述

It's about two men, both seriously ill, who shares a hospital room. One man, whose bed is near a window (the only window in the room), describes what is going on outside, while the other man, who can not move freely, listens attentively. The man by the window describes a beautiful, lively scene in great detail. The other man loves hearing these descriptions. But one day, the man by the window dies. Later, the other patient asks the nurse to move his bed near the window. He wants to look outside for himself. He turns toward the window in expectation—but the only thing outside the window is a blank wall.

④ フォーカシング

The deceased man had been blind, the nurse tells him. He described what he "saw" to make his friend happy.

⑤ 個人的見解

When I read the story, I was deeply moved. I felt tender and warm inside. It has become one of my favorite stories. I recommend that you read it, too.

音読回数チェック　1　2　3　4　5

以下はイソップ物語の一篇です。まず物語の原文を読み、原文をパラフレーズし（別の言葉で書き換え）プロットを作成し、最後のメッセージ（大文字部分）にフォーカスして、その解釈を書きましょう。

The Ant and the Grasshopper

In a field one summer's day, a Grasshopper was hopping about, chirping and singing to its heart's content. An Ant passed by, bearing along with great toil an ear of corn he was taking to the nest. "Why not come and chat with me," said the Grasshopper, "instead of toiling and moiling in that way?" "I'm helping to lay up food for the winter,"said the Ant, "and recommend you to do the same." "Why bother about winter?" said the Grasshopper; "we have got plenty of food at present." But the Ant went on its way and continued its toil. When the winter came the Grasshopper had no food, and found itself dying of hunger, while it saw the ants eat from the stores they had collected in the summer. Then the Grasshopper knew: "IT IS BEST TO PREPARE FOR THE DAYS OF NECESSITY."

Aesop Fables, The Harvard Classic, 1909-1914

アリとキリギリス

ある夏の野原で、キリギリスが甲高い声で鳴き、歌い、飛び跳ねていました。心ゆくまで。そこにアリが通りかかりました。トウモロコシを1本、苦労しながら自分の巣に運んでいるところでした。「そんなにあくせくしないで、こっちに来てお話をしないかい」とキリギリス。「冬の蓄えをしているところなんだ。君もそうすることをすすめるよ」とアリ。「冬のことなんでどうして気にするのかい？ 食べ物ならほらこんなにたくさんあるのに」とキリギリス。しかし、アリはそのまま道を進み、苦しい仕事を続けたのでした。冬がやって来たとき、キリギリスは食べ物がなにもなく、餓死しそうでした。そんなとき、夏の間に集めた蓄えから食事をしているアリたちを見たのです。そこで、キリギリスは悟りました。「困ったときのために準備するのが一番だと」。

左ページの英文をパラフレーズした文章を書き、最後のメッセージにフォーカスして、その解釈を書きましょう。

Challenge Task 1-1

| 解答例 |

An Ant came across a Grasshopper in a field. The Grasshopper had a good time singing and dancing, while the Ant was carrying something to his nest. The Grasshopper said, "Why don't you join me and have fun?" The Ant refused the Grasshopper's offer because he knew he had to work hard to prepare for the winter. Some months later, winter came. The Grasshopper had nothing to eat. The Ant had plenty of food, which he had stored during the summer. The Grasshopper now understood: He should have worked during the summer to prepare for the winter.

アリが野原でキリギリスに出会いました。キリギリスは歌ったり、踊ったりして楽しい時間を過ごしていました。一方、アリは何かを巣に運んでいるところでした。キリギリスはいいました。「一緒に楽しまないかい？」アリはその申し出を断りました。というのは、今は冬に向けて準備するために働かなければならないとわかっていたからです。数カ月後になって、冬が来ました。キリギリスは何も食べるものがありませんでした。アリのほうは夏の間に蓄えたたくさんの食べ物がありました。キリギリスは悟ったのです。「冬の準備のために夏の間働いておくべきだった」と。

Challenge Task 1-2

以下の表現に注目し、自分なりの解釈をした英文を作りましょう。

"It is best to prepare for the days of necessity."

Challenge Task 1-2

解答例 45

I think this message has something to do with what is called "crisis control." People are lazy and tend to be satisfied as long as they are happy in the moment. We turn a blind eye to what is ahead because we are more concerned about the here and now. We must take this message seriously, especially when we deal with the climate crisis. We all know the crisis will get worse unless we take drastic measures against global warming, and yet, like the Grasshopper, we pretend that nothing serious will happen in the next 10 or 20 years. We must behave like the Ant and prepare for what might happen in the future.

このメッセージは「危機管理」に関連があると思います。人々は、今がよければ怠惰で、満足してしまう傾向があります。先のことには目をつぶるのです。どうしてかといえば、今ここに、より関心があるからです。特に気候問題を扱う際にはこのメッセージをもっと深刻に受け止める必要があると思います。危機は劇的な温暖化対策をしない限り、どんどん悪化するということをみんな気づいているはずです。しかし、キリギリスのように、向こう10年か20年ではたいしたことは起こらないだろうと知らぬふりをしてしまうのです。アリのように振る舞い、将来の必要なときのために準備をしなければなりません。

Challenge Task 2　発展的なタスク

　小説、テレビドラマ、映画、音楽など何か自分が読んだり、見たり、聞いたりした作品を取り上げ、下記の Navigator を参考に、その批評を書いてみましょう。「内容記述」は取り上げる対象のジャンルによって工夫してください

内容記述　→　印象・解釈　→　個人的見解（評価）

解答例 2 | 46

内容記述

Recently, I often stream Chinese TV dramas.
動画配信サービスで、最近よく、中国のテレビドラマを見ています。

They are historical dramas about mythical times.
神話時代の歴史ドラマです。

A common theme involves the imperial world coexisting with witchcraft in a fight for supremacy.
天帝の世界と魔教の世界が共存し、覇権を争うというのが共通のテーマです。

印象

I used to think that the flowers and trees planted in gardens looked really artificial, but as CG and other technologies evolve considerably, I think image quality is improving. 以前は庭園に植えられている花や木がいかにも作り物という感じだなあ、と思いましたが、CG や他の技術などがかなり進化するにつれ、映像もよくなっていると感じます。

Also, flashy action scenes with flying and fighting in the sky are really exhilarating.
また、空を飛んだりして闘う派手なアクションも気分がスカッとします。

個人的解釈（評価）

What I've found most interesting is that instead of the theme of gods being virtuous and the devil being evil, a common theme these days is having charming characters on the evil side and unreasonable characters on the virtuous side.
一番おもしろく感じたのは、神々のほうが道徳的で、魔のほうが悪というテーマの代わりに、魔のほうに魅力的な人物が出てきて、徳のある人物が融通が利かない、という共通パターンが最近出てきていることです。

I'm seeing a lot of dramas that portray both worlds without drawing a clear line between good and evil.
単純に善と悪を割り切れない二面性をもった作品を立て続けに見ました。

I find Chinese historical dramas especially interesting because they show a type of fantasy world that you would never see in Japanese TV dramas.
私は日本のテレビドラマでは見ることができないタイプのファンタジー世界を描いているので、中国の歴史ドラマはとてもおもしろいと思います。

Navigator 10

方法を説明する

話題の導入（説明する内容を示す）

| 最初に | 第2に | 第3に | 第4に | 最後に |

| はじめに | 次に | それから | さらに | おわりに |

何かのやり方を説明する際には、順番に動作を説明していきます。その際のナビゲーターの流れとしては、順番を表示する表現と、動作を表す表現が必要になります。

● 話題の導入（説明する内容を示す）

　これを英語で示すと以下のようになります。

● Let me explain how to...

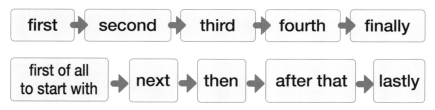

　他にも、when、once、if などの接続詞を使って、動作の流れを示すことができます。

おにぎりのにぎり方

ここでは外国の友人におにぎりの作り方を説明する状況を考えてください。手順を日本語で示していますので、それを英語にしましょう。自分流のおにぎりの作り方を説明してもかまいません。

① おにぎりのにぎり方を説明します。

② まず、少量の塩を両手にふりかけます。

③ 次に、温かいごはんを左手に持ち（もしあなたが右利きの場合）、右手を上にして、両手で小さな玉のように、あるいは三角の形にします。

④ ごはんの形ができたら、ごはんの真ん中に親指または人差し指で小さなへこみ（indention）を作ります。

⑤ ここはおにぎりの具（fillings）を入れるところです。

⑥ 典型的な具になる素材は、梅干か焼き鮭などです。

⑦ 具はご飯でおおって隠します。

⑧ 最後に、握ったおにぎりにノリを巻きます。

⑨ これで食べる準備完了です。

解答例 ◀)) 47

① I'd like to explain how to make an *onigiri*, or a Japanese rice ball.

② First, sprinkle a small amount of salt on your hands.

③ Next, put warm rice in your left hand (if you are right-handed) and shape it into a small ball or a triangle using both hands, with your right hand on top.

④ Once you've shaped the rice, use your thumb or index finger to make a small indention in the center.

⑤ This is where you place the fillings.

⑥ Typically, fillings include *umeboshi* (pickled plum) or grilled salmon.

⑦ Don't forget to pat down some rice over the fillings to cover them.

⑧ Finally, wrap a strip of *nori* (seaweed paper) around the rice ball.

⑨ Now it's ready to eat!

ここでは、方法を示すナビゲーターを見ていきましょう。

> ~について説明する

I'd like to explain how to make an *onigiri*, or a Japanese rice ball.

> 第一に

First, sprinkle a small amount of salt on your hands.

> 次に

Next, put warm rice in your left hand (if you are right-handed) and shape it into a small ball or a triangle using both hands, with your right hand on top.

> そして

Once you've shaped the rice, use your thumb or index finger to make a small indention in the center. This is where you place the fillings. Typically, fillings include *umeboshi* (pickled plum) or grilled salmon. Don't forget to pat down some rice over the fillings to cover them.

> おわりに

Finally, wrap a strip of *nori* (seaweed paper) around the rice ball. Now it's ready to eat!

お風呂の入り方

日本の風呂の使い方を簡単に説明することになりました。「風呂場」について説明し、続いて、風呂の入り方を順を追って説明しましょう。

① さて、日本式の風呂の入り方を説明します。

② まず、日本の家には風呂場があります。

③ 風呂場は文字通り bath place の意味です。

④ 典型的な家庭の風呂では、浴槽の隣に体を洗う場所があるのがわかるでしょう。

⑤ 風呂を使う際の暗黙の規則があります。

⑥ まず、浴槽の外で体を洗い流してから、浴槽に入ります。

⑦ 風呂の湯が汚れないようにまず体を洗い、他の人たちがあとで同じ湯を使えるようにするためです。

⑧ 体を洗ったら、石鹸をきれいに洗い流すようにしてください。

⑨ それから、浴槽に入り、お湯につかるのです。

⑩ 終わったら、お湯が冷めないように浴槽にカバーをかけます。

⑪ シャワーがない場合、浴槽からお湯をバケツを使ってすくい、それを体にかけるのです。

⑫ 最後になりますが、次にお風呂を使う人のことを配慮することが大切です。

⑬ あまり長湯をしないようにして、風呂場をきれいにしておくようにしましょう。

① OK. I'd like to explain how to take a Japanese-style bath.

② To start with, Japanese houses usually have a *furoba*.

③ *Furoba* literally means "bath place."

④ In a typical home bathroom, you will see an area for washing yourself next to the bathtub.

⑤ There are unspoken rules for using the bath.

⑥ First, rinse or wash your body outside the bathtub before getting in.

⑦ You wash yourself first so the bath water doesn't get dirty, and so other people can use the same water afterwards.

⑧ After washing, be sure to rinse off the soap completely.

⑨ Then get in the tub and soak in the hot water.

⑩ When you are finished, put the cover on the tub so the water doesn't get cold.

⑪ If there is no shower, you can use a bucket to scoop out water from the tub and pour it over you.

⑫ Finally, it's important to be considerate of the next person to use the bath.

⑬ Don't stay in the bath too long, and keep the space clean.

下記のナビゲーターにそってまとめると次のようになります。

話題の導入 ➡ 第一に ➡ 次に ➡ いったん～したら ➡ おわりに

話題の導入

OK. I'd like to explain how to take a Japanese-style bath.
To start with, Japanese houses usually have a *furoba*.

Furoba literally means "bath place." In a typical home bathroom, you will see an area for washing yourself next to the bathtub. There are unspoken rules for using the bath.

第一に

First, rinse or wash your body outside the bathtub before getting in. You wash yourself first so the bath water doesn't get dirty, and so other people can use the same water afterwards. After washing, be sure to rinse off the soap completely. Then, get in the tub and soak in the hot water.

～したら

When you are finished, put the cover on the tub so the water doesn't get cold. If there is no shower, you can use a bucket to scoop out water from the tub and pour it over you.

おわりに

Finally, it's important to be considerate of the next person to use the bath. Don't stay in the bath too long, and keep the space clean.

音読回数チェック　1　2　3　4　5

新宿から富士スバルライン五合目を経て、富士山へ登る行き方を。
説明してください。

[ヒント]
・新宿駅→中央本線　大月駅→富士急　富士急　富士山駅
・富士スバルライン五合目（バス停）　Fuji Subaru Line 5th Station
・吉田ルート　the Yoshida Trail

Challenge Task

解答例 | 🔊 49

話題の導入

There are many Mt. Fuji climbing tours to choose from that start from Shinjuku. 新宿からは選択可能な多くの富士山登山ツアーがあります。

If you don't like tours, the easiest way to get there is to reserve a ticket for the direct bus from Shinjuku Expressway Bus Terminal to Fuji Subaru Line 5th Station.

もし、ツアーが好きではない場合には、新宿バスターミナルから富士スバルライン五合目まで直行バスを予約するのが一番簡単な方法です。

There are various other ways to go if this bus isn't operating or if you are unable to make a reservation. このバスが運行していないか、または予約できない場合でも、そこに行くにはほかにもさまざまな方法があります。

You can also go from Shinjuku Station to Mt. Fuji Station via Otsuki Station. 新宿駅から大月駅を経由して富士山駅まで行くこともできます。

まず

In that case, first take the Chuo Line from Shinjuku station to Otsuki Station, then change to the Fujikyu Line.
その場合は、まず中央本線で新宿駅から大月駅まで行き、次に富士急行に乗り換えます。

〜したら

After you arrive at Mt. Fuji Station, you have to walk to a bus station.
そして、富士山駅に着いたら、バス停まで歩いて行かなければなりません。

それから

You then take the Fujikyu Bus to Fuji Subaru Line 5th Station.
それから、富士急バスに乗って富士スバルライン5合目のバス停へ行きます。

いよいよ

From there, you can finally begin climbing Mt. Fuji!
そこからいよいよ（finally）富士山に登り始めることができます！

補足説明

That is called the Yoshida Trail. There are multiple routes to climb Mt. Fuji, but the Yoshida Trail is used by most Mt. Fuji climbers.
それは吉田ルート（the Yoshida Trail）と呼ばれています。富士山に登るには複数のルートがありますが、吉田ルートは、最も多くの富士山に登る人たちに利用されています。

There is a lot of information on the Internet, so please check and plan accordingly.
ネット上にはたくさんの情報がありますので、よく確認して準備してください。

Navigator 11

意見を表明する

Do you agree or disagree?

賛否の立場を明らかにする

立場 : agree or disagree

その立場を支持する理由を示す

**理由の数を明示する : 事例などを挙げて具体的に
理由を述べる**

立場を再度明らかにする

ナビゲーターの中でも王道といえるのが、意見を表明するときのナビゲーターです。ある意見に対して賛否の判断を行い、立場を決めてその根拠を示すのが基本的な形です。

ある意見に対して賛否の立場を明らかにして根拠を述べるときの表現

賛否を示す	・完全に賛成、 反対 ・部分的に賛成、 反対

その理由、条件	・賛成、 反対の理由 ・ある条件が満たされれば賛成 　満たされなければ反対

全面的に賛成・反対（＋理由）を述べるときに使われる表現

- I totally agree...　〜に全面的に同意します

- I disagree with the idea, because...

  その考えに反対します。理由は〜

- I'm all for it.　完全に同意します

- I'm totally against the idea.　〜その考えに全面的に反対します

- I'm 100% opposed to...　〜に全面的に反対します

部分的に賛成だが、留保をつけるときの表現

- I agree with the idea up to a point, but...

  あるところまではその考えに同意できます。しかし〜

条件つきの賛成意見を述べるときの表現

- I (would) agree with the idea on the condition that...

  〜だという条件でその考えに同意します

- only if...　〜の場合にかぎり
- as long as...　〜するかぎり、〜さえすれば
- I wouldn't agree with the idea unless...
  もし〜でなければ、その考えに同意しません

| 例 |

Question

Do you agree or disagree with raising consumption tax?　消費税の値上げに賛成ですか、あるいは反対ですか。

Answers

- I totally agree with the idea because there seems to be no other way to deal with the large national debt issue.
  全面的に賛成です。理由は莫大な国の借金という問題に対処するのにほかの方法が見当たらないからです。

- I'm 100 % opposed to the idea. That's because such a tax hike would just put more pressure on the less fortunate.
  100%反対します。そういった増税はよりお金のない人たちに大きな打撃になるからです。

- I agree with the idea up to a point, but it seems like there may be a number of other things the government could do to stimulate the economy before raising the taxes.
  ある程度までは、そのアイディアには賛成ですが、税金を上げる前に、経済活性化のために政府ができることはほかにも多くあるように思えます。

- I (would) agree only if the government makes sure that taxpayers' money will never be wasted on unnecessary things, such as the military budget.
  納税者のお金が軍事費のような不必要なものに無駄に使われないかぎり、賛成です。

意見を表明するときのナビゲーター

Do you agree or disagree?

賛否の立場を明らかにする
立場：agree or disagree

その立場を支持する理由を示す
理由の数を明示する；事例などを挙げて具体的に理由を述べる

立場を再度明らかにする

　ナビゲーターそのものは単純明快ですが、説得力のある意見表明であるかどうかは理由とその説明にあります。以下、事例を見てみましょう。

TASK 1　以下ではある医者が述べた意見、「味がよいものは、健康によくないことが多分にある」が示されています。これについて賛成あるいは反対の立場を決めて、自分の考えを述べましょう。

A doctor says, "If food tastes good, it is probably bad for your health." Do you agree with this statement?

　「味がよければ、健康にはよくないことがある」という見解については、明確に賛否を示すことは難しいでしょう。しかし、基本的に賛成か反対かを明らかにしなければ話は進みません。ここで表現した立場は次の通りです。①〜⑨の日本語を英語にしてみましょう。

① おいしいものは健康にはよくない可能性があるという意見について基本的に賛成です。

② 私がそう思うのにはふたつの大きな理由があります。

③ 第一の理由はこうです。

④ 食品会社では味をよくするために人工調味料（artificial flavors）を含むたくさんの加工食品（processed food）を作っています。

⑤ しかし、そうした調味料は健康を害する恐れのある化学物質でできており、最悪の場合は、ガンを誘発する可能性があります。

⑥ 第二の理由は、健康によい有機食品はそれ自体ではあまり味がよくないということに関係しています。

⑦ 野菜の多くは、そのままで健康なものですが、オイルやバターや塩を使わずに調理すれば、それほどおいしくありません。

⑧ 油やバターが味をよくしてくれるかもしれませんが、それが悪玉コレストロール（"bad" cholesterol）の値を高め、心臓病などを引き起こすかもしれないのです。

⑨ こうした理由により、その意見に賛成です。

| 解答例 | 🔊 50

① I basically agree with the statement that tasty food is likely to be bad for your health.
② There are two main reasons I feel this way.
③ The first reason is this:
④ Food companies make a lot of processed food containing artificial flavors to enhance flavor.
⑤ However, those flavors are made from chemicals which

could harm people's health. In the worst case, some chemicals can lead to cancer.

⑥ The second reason is related to the fact that healthy organic foods are not usually very flavorful by themselves.

⑦ Most vegetables, though healthy as they are, are not so tasty if they're cooked without oil, butter or salt.

⑧ Although oil and butter make food tasty, they also tend to increase the level of "bad" cholesterol, and may lead to heart disease.

⑨ For these reasons, I agree with the statement.

　この文章をナビゲーターに沿って分解すると、以下のようになります。ナビゲーターも声に出しながら、英文を音読しましょう。

● 賛否の立場を明らかにする

基本的に賛成

I basically agree with the statement that tasty food is likely to be bad for your health.

● その立場の根拠となる理由を示す

ふたつの理由

There are two main reasons I feel this way.

最初の理由と具体的説明

The first reason is this: Food companies make a lot of processed food containing artificial flavors to enhance flavor. However, those flavors are made from chemicals which could harm people's health. In the worst case, some chemicals can lead to cancer.

ふたつめの理由と具体的説明

The second reason is related to the fact that healthy organic foods are not usually very flavorful by themselves. Most vegetables, though healthy as they are, are not so tasty if they're cooked without oil, butter or salt. Although oil and butter make food tasty, they also tend to increase the level of "bad" cholesterol, and may lead to heart disease.

● 立場を再度明らかにする

結論

For these reasons, I agree with the statement.

音読回数チェック　1　2　3　4　5

　理由と理由についての具体的説明が、結論に導くための鍵となります。第一の理由である「加工食品には味をよくするための添加物が使われている」というだけでは十分な説明になりません。添加物は人々の健康を害することがあるし、最悪、がんを誘発することもあると述べることで具体的になります。

　それに加えて、ふたつめの理由として、「有機食品はそれ自体では味がよくない」と指摘し、味をよくするために調理でいろいろな調味料を使うが、それがまた健康に悪影響を及ぼすと述べている。

　このふたつは、「おいしいものは、概して健康によくない」というある医者の見解を支持するための理由として挙げられたものです。

　次に、もう少し複雑な内容のことを述べるタスクを見ていきましょう。なお、ここでは、IELTS（英語力測定のためのテスト）のアカデミックライティングのような問題を想定しています。したがって、これは口頭で表現するというより、むしろ文章で表現する問題だと考えてください。

TASK 2

以下は「気候変動」という大きな問題に関する英文です。まず、Opinion Statement を読み、与えられた課題に挑戦してみてください。

Opinion Statement

Climate change is a big issue. There are some who claim that developed countries have a greater responsibility to tackle climate change than developing countries. On the other hand, others insist that all countries should have the same responsibilities when it comes to protecting the earth.

気候変動は大きな問題です。先進国は気候変動に取り組む上で、途上国より大きな責任を負うべきだと主張する人たちがいます。一方、地球を守ることに関しては、すべての国が同じ責任をもつべきだと主張する人たちもいます。

課題

Discuss both views and give your own opinion. Write at least 250 words. Give reasons for your position.

両方の見解について述べ、自分の意見を出しなさい。少なくとも250語で書き、自分の立場を支える理由も述べなさい。

　次ページから、ひとつの意見が日本語で表現されています。①から⑲の日本語を英語に訳してみしましょう。

① 気候変動はグローバルな問題です。

② ということは、世界中の市民が一丸となって地球を救うために
この問題に取り組まなければならないということです。

③ しかし、現実には、富と公平性の観点で先進国と途上国では
隔たりがあります。

④ 先進国は途上国より経済的に有利な立場（つまり、より豊かな
状態）にあります。というのは、先進国は、これまで自らの経
済発展のため天然資源を自由に使うことができたからです。

⑤ 概して、先進国の人々は途上国の人々より経済的には恵まれて
いるということです。

⑥ 今日、気候変動は地球そのものに悪影響を与える大きな問題
になってきました。

⑦その責任は誰にあるのでしょうか。

⑧明らかに、先進国は責任を取り、進行する気候変動問題を緩和する努力をすべきです。

⑨途上国の人たちに、（問題解決の場に）参加して、彼らの経済発展を遅らせるように頼むのは公平ではないという人もいます。

⑩私は、この点はある程度まで理解できます。

⑪すべての国が、経済成長をするための平等な機会をもってしかるべきだからです。

⑫ しかし、問題は、一方で途上国が経済発展を達成するため自由に CO_2 を排出することが許される中で、先進国だけで問題を解決できるかということです。

⑬ 答えはおそらくノーです。

⑭ もし途上国がかつて先進国がしたのと同じことをすれば、地球の状況はよいほうには向かわないでしょう。

⑮ ある国が犠牲になることが他の国の利益になるようでは、公平性の原理は守れません。

⑯ 私見では、グローバルな問題はグローバルに解決すべきです。

⑰ そうするには、先進国は途上国が発展するのを環境的にやさしいやり方で支援すべきです。

⑱ このギア変換は新しい産業を生み出すでしょう。

⑲ 気候変動から地球を救うことはチャレンジングな課題ですが、それによって発展と幸せについて私たちがどう考えるかという点を変えるでしょう。

| 解答例 | 🔊 51

① Climate change is a global issue.

② This means that citizens all over the world should be united in tackling the issue in order to save the earth.

③ In reality, however, there is a dividing line between developed countries and developing countries in terms of wealth and fairness.

④ Developed countries are economically more advantaged (i.e., richer) than developing countries, because the former have been able to freely use natural resources for their economic development.

⑤ People in developed countries are also, in general, better off than those in developing countries.

⑥ Today, climate change has become a big problem affecting the earth.

⑦ Who is responsible?

⑧ Obviously, developed countries should take responsibility in making efforts to mitigate ongoing climate change.

⑨ Some people say it's not fair to ask developing countries to join in, and slow their economic development.

⑩ I understand this to a certain extent.

⑪ Every nation should have an equal opportunity to grow its economy.

⑫ However, the question is whether or not developed countries alone can solve the problem, while developing countries are allowed to emit CO_2 freely to achieve economic development.

⑬ The answer is probably in the negative.

⑭ If developing countries act the same way developed countries have in the past, the global situation cannot change for the better.

⑮ If the sacrifice of some nations becomes the benefit of others, the principle of fairness won't be sustained.

⑯ In my opinion, a global problem should be solved globally.

⑰ To do this, developed countries should help developing countries progress in an environmentally-friendly manner.

⑱ This gear shift will produce new industries.

⑲ Saving the earth from climate change will be a challenging task, but it will change how we think about development and happiness.

　この解答例を情報の流れに沿って分析してみましょう。ここでは、賛否を明らかにし、その理由を述べるというナビゲーターとは異なります。ここでのナビゲーターを日本語で説明すれば以下のようになります。

問題の所在

・気候変動は地球規模の問題
・地球を救うため世界中の人が取り組むべき

Climate change is a global issue. This means that citizens all over the world should be united in tackling the issue in order to save the earth.

問題に取り組む際の考慮点

・現実は、先進国と開発途上国には公平性という点から差異がある
・先進国は経済的に途上国より優位な立場
・それは独自の経済発展のため資源を使ったから
・結果、先進国の人は途上国の人より裕福である

In reality, however, there is a dividing line between developed countries and developing countries in terms of wealth and fairness. Developed countries are economically more advantaged (i.e., richer) than developing countries, because the former have been able to freely use natural resources for their economic development. People in developed countries are also, in general, better off than those in developing countries.

問題解決のための A 案

・今日地球にダメージが加えられている
・誰の責任か
・先進国の責任もあるので、開発途上国にも問題緩和のため、経済発展を遅らせるように求めるのは公平ではない
・その考えは理解できる
・すべての国に経済発展の機会が得られるべき

Today, climate change has become a big problem affecting the earth. Who is responsible? Obviously, developed countries should take responsibility in making efforts to mitigate ongoing climate change. Some people say it's not fair to ask developing countries to join in, and slow their economic development. I understand this to a certain extent. Every nation should have an equal opportunity to grow its economy.

問題解決の実効性

- しかし、問題は先進国だけで問題解決が可能か、ということ。一方で途上国は経済発展のため CO_2 を排出し続ける
- 答えはノーである
- 先進国が過去行ったのと同じことを途上国が行えば状況は好転しない
- ある国の犠牲が他の国の利益になるなら、公平性の原理は保たれない

However, the question is whether or not developed countries alone can solve the problem, while developing countries are allowed to emit CO_2 freely to achieve economic development. The answer is probably in the negative. If developing countries act the same way developed countries have in the past, the global situation cannot change for the better. If the sacrifice of some nations becomes the benefit of others, the principle of fairness won't be sustained.

どうすべきか？：問題解決のための B 案

- ・グローバルな問題はグローバルに解決すべし
- ・この目的のため、先進国は途上国が発展するよう、環境にやさ しいやり方で援助する必要がある
- ・この発想転換は新しい産業を生み出すだろう
- ・気候変動から地球を救うことは、人々が発展と幸せについての 考え方を変えることで、チャレンジングな課題になる

In my opinion, a global problem should be solved globally. To do this, developed countries should help developing countries progress in an environmentally-friendly manner. This gear shift will produce new industries. Saving the earth from climate change will be a challenging task, but it will change how we think about development and happiness.

音読回数チェック　1　2　3　4　5

以下の問いについて独自の見解を英語で述べなさい。

Can renewable energy effectively replace fossil fuels?

再生可能エネルギーを効果的に化石燃料に置き換えることはできますか？

[ヒント]
①できると思うか、できないと思うか
②できるとしたら、どういう条件でできるか
③できないとしたら、どういう条件ではできないか
④あなたの見解と結論

解答例 52

Can renewable energy effectively replace fossil fuels?
再生可能エネルギーを効果的に化石燃料に置き換えることができますか？

問いに対する意見

I think it will be very difficult to completely replace fossil fuels with renewable energy in the near future.

私は近い将来に、化石燃料（fossil fuels）を完全に再生可能エネルギーに置き換えるのはとても難しいと思います。

理由1　可能な場合の条件

The ability to generate renewable energy mostly depends on geographical and climatic conditions. I think it is possible to replace fossil fuels with renewable energy in countries where such conditions can be met.

再生可能エネルギーを生み出す力はたいていの場合、地理的条件や気候的条件に左右されます。そういった条件が揃う国であれば、化石燃料を再生可能エネルギーに置き換えることは可能だと思います。

理由2　不可能な場合の条件

However, there are many countries that cannot meet such conditions and are unable to switch to renewable energy. Also, fossil fuels are used to manufacture the equipment needed to produce renewable energy.

しかし、そのような条件がなく、再生可能エネルギーに転換できない国も数多く存在します。それに、再生可能エネルギーを生産するのに必要とされる装置を製造するために化石燃料が使用されます。

最終的な意見

In the future, technologies for producing low-cost renewable energy will probably be competitively developed in many countries. However, until then, I think it is necessary to develop technology that reduces carbon dioxide emissions.

将来的には、低コストの再生可能エネルギーを製造する技術が、おそらく各国で競い合って開発されるでしょう。しかし、それまでは、二酸化炭素の排出を減らす技術を開発する必要があると思います。

Navigator 12

問題解決の提案をする

問題解決のナビゲーター

① 問題の設定

② 現状の分析

③ 解決策（アイディア）の提案

④ 相手に同調を求める

問題解決型のスピーキングタスクは、プレゼンテーションなどでよく見られるもので、タスクの中でも最も本格的なものです。

　何か新しいアイディアを提案する際には、どういう流れで話を展開するでしょうか。まず、問題を設定し、現状把握を行います。そして、新しいアイディアを提示します。そのアイディアの有効性や魅力について語り、相手に意見を求めるでしょう。これをナビゲーターとして表すと、以下のようになります。

● 問題解決のナビゲーション

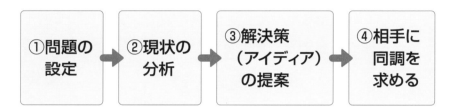

　問題解決の基本は、「問題の設定」と「解決策の提案」です。このふたつは必須です。
　早速、事例を見てみましょう。

パンダの絶滅危機という問題

問題は何であるか、そして何ができるか（解決策の提示）が問題解決型の論点の展開です。以下のヒントを参考にしながら、ナビゲーションの①、②、③を使って、問題解決型の文章を作成してみましょう。

[ヒント情報]
問題：only a thousand giant pandas
何ができるか（解決策の提案）：what can we do / this endangered species
　　　　　　　　その1：stop hunting / their fur
　　　　　　　　その2：protect the bamboo forests

① 世界には1000頭のジャイアントパンダしか残っていません。

② どのようにして、この絶滅危惧種を救うことができるでしょうか。

③ ふたつの方法を提案したいと思います。

④ 第一に、売ればもうかるという理由で、毛皮を求めてパンダ狩りをすることを止めるべきです。

⑤ 第二に、彼らが生息する竹林を保全すべきです。というのは、竹はパンダが食べることができる唯一のものだからです。

① Only a thousand giant pandas are left in the world.

② How can we save this endangered species?

③ I'd like to suggest two ways.

④ First, we should stop hunting them for their fur for a profit.

⑤ Second, we have to protect the bamboo forests they inhabit because bamboo is the only thing they eat.

この解答例をナビゲーターの流れとともに示すと、以下のようになります。ナビゲーターの部分も声に出し、流れを意識しながら英文を音読するようにしましょう。

| 問題は |

Only a thousand giant pandas are left in the world.

| 何ができるか |

How can we save this endagered species? I'd like to suggest two ways.

| 解決策 1 |

First, we should stop hunting them for their fur for a profit.

| 解決策 2 |

Second, we have to protect the bamboo forests they inhabit because bamboo is the only thing they eat.

音読回数チェック　1　2　3　4　5

以上で示したのは、問題を設定し、解決策を示すという単純な形式です。次に、最初のナビゲーターで示したように、問題の設定、現状の分析、解決策（アイディア）の提案、相手に同調を求める、という流れの例も下記のタスクで見ておきましょう。

Task 2 いじめの撲滅

ある会社で社長が社員に向けて、会社のいじめへの取り組みについて提案することになりました。あなたはその日本語の原稿を英語にするように頼まれました。一連の日本語を英語にしてください。

① ご存じのように、いじめはどこにでもあります。その結果として、苦しむ人々がいます。

② いじめは社会悪です。

③ 我が社にはいじめの事例は今のところないものと思っています。

④ しかし、いじめはいつでも、どこででも起こりえます。

⑤ 人間は比較する生き物です。

⑥ そして比較には常に優劣の感覚が伴います。それが、偏見を
　　生み、結局は、いじめという行為に導くのです。

⑦ ですから、いかなる理由があろうと、いじめは決してしない
　　と宣言しようではありませんか。

⑧ 私と一緒に唱和してくれますか。

⑨「いかなる理由があろうとも、われわれは決していじめをし
　　ません」

⑩ いったん言葉になったら、それが私たちの心に残り、自分たちの行動を監視する心のチェックリストのひとつの項目になるのです。

⑪ 私は、みんなが安心して働ける雰囲気を作り出したいと思います。

⑫ いじめが起こりうる仕事場は安全と安心を保証しません。

⑬ この点をどう思いますか。

⑭ 「いかなる理由があろうとも、われわれは決していじめをしません」

⑮ 我が社でいじめが起こる可能性をできるだけ減らすためのみなさんの支援に感謝します。

① As we all know, bullying is everywhere, and there are people who suffer as a result.

② It's a social evil.

③ I don't think we currently have any cases of bullying in our company.

④ But bullying can happen anytime, anywhere.

⑤ Humans make comparisons.

⑥ And comparing always involves a sense of superiority or inferiority, which can lead to prejudice and, eventually, to the act of bullying.

⑦ So let us declare that we will never bully others for any reason.

⑧ Can you all say it with me?

⑨ "We will never bully others for any reason."

⑩ Once verbalized, it will remain on our minds and become an item on the mental checklist against which we monitor our behavior.

⑪ I'd like us to create an atmosphere where everyone can work with a sense of security.

⑫ A workplace where bullying can happen does not guarantee safety and comfort.

⑬ How do you feel about this?

⑭ "We will never bully others for any reason."

⑮ I'll be grateful for your support in minimizing the possibility of bullying within our company.

　この文章をナビゲーターに沿って分解すると次ページのようになります。ナビゲーターも声に出しながら、英文を音読しましょう。

問題の設定

As we all know, bullying is everywhere, and there are people who suffer as a result. It's a social evil.

現状

I don't think we currently have any cases of bullying in our company. But bullying can happen anytime, anywhere. Humans make comparisons. And comparing always involves a sense of superiority or inferiority, which can lead to prejudice and, eventually, to the act of bullying.

提案

So let us declare that we will never bully others for any reason. Can you all say it with me? "We will never bully others for any reason." Once verbalized, it will remain on our minds and become an item on the mental checklist against which we monitor our behavior.

提案への支持を求める

I'd like us to create an atmosphere where everyone can work with a sense of security. A workplace where bullying can happen does not guarantee safety and comfort. How do you feel about this? "We will never bully others for any reason." I'll be grateful for your support in minimizing the possibility of bullying within our company.

問題解決型プレゼンテーション

　問題解決型の発表では、「問題は何か」、「何ができるか」、「何をすべきか」の３つが大きな流れとなります。「問題は何か」の部分については、現状分析、問題の深刻さ、問題の捉え方などが話の中心になります。「何ができるか」の部分は、選択肢の検討、そしてそれぞれの実行可能性の検討が含まれます。そして最後の「何をすべきか」については、解決策の選択、実行計画などが中心になるでしょう。

① 問題は何か	② 何ができるか	③ 何をすべきか
・現状分析 ・問題の深刻さ ・問題の捉え方	・選択肢の検討 ・実現可能性の検討	・解決策の選択 ・実行上の困難 ・解決策を選択する意義

　この①〜③をさらに細かくして、問題解決型のタスクのナビゲーターとして示せば、以下のような５段階が考えらます。

Stage 1	注意の喚起 ┐	
Stage 2	問題の記述 ├	① 問題は何か
Stage 3	問題の説明 ┘	
Stage 4	解決策 ───	② 何ができるか
Stage 5	結論 ────	③ 何をすべきか

　ここでは、「家庭における安全性」というテーマを事例に、具体的な表現の流れを作ってみます。以下で示すのはナビゲーターに沿ったアウトラインです。なお、ここで想定しているようにプレゼンテーショ

ンの原稿を作成するというタスクであれば、まず、アウトラインを作り、そしてそれを肉付けするという流れになります。

Stage 1 注意の喚起 (getting attention)

1. Everyone has heard the expression "safe at home."

   みなさんは「家庭の安全」という表現を聞いたことがあるでしょう。

2. But is your home really a safe place to live in?

   しかしあなたの家庭は、生活する上で本当に安全な場所でしょうか？

Stage 2 問題の記述 (stating the problem)

This is an important question for all of us.

これは私たち一人一人にとって重要な問題です。

   - Our own well-being is at stake.

      私たちの幸福が危険にさらされています。

   - The well-being of our families is at stake.

      私たちの家族の安全が危険にさらされています。

Stage 3 問題の説明 (explaining the problem)

1. In answering the question of home safety, we must consider two additional questions.

   家庭の安全に関する質問に答えるには、さらにふたつの質問を考える必要があります。

   A. How many accidents occur in the home?

      家庭での事故はどれぐらい起こっているでしょうか？

   B. How serious are these accidents?

      これらの事故はどれぐらい深刻なものでしょうか？

2. In neither case are the facts encouraging.

どちらの場合も事実は明るいものではありません。

A. Statistics gathered by the National Safety Council show that, in the year 2018, accidents in the home were responsible for 2,000,000 disabling injuries.

全米安全評議会によって集められた統計によれば、2018年において、家庭での事故が200万件の身体障害となるような怪我の原因になっています。

B. In the same year, home accidents were the cause of 37,500 deaths.

同年、家庭の事故は37,500件の死亡事故の原因になりました。

I. Falls were the cause of 15,000 deaths.

落下が15,000件の死の原因でした。

II. Burns, suffocation, and poison were other leading causes. やけど、窒息、そして毒物が他の主要な死因でした。

Stage 4 解決策 (presenting the solution(s))

1. Unless we are aware of these dangers and guard ourselves against them, we, too, may be among the victims of home accidents.

これらの危険を認識して自分の身を守らなければ、私たちも家庭内での事故の犠牲者に数えられるかもしれません。

A. We may become immobile for long periods of time.

長い間、動けなくなるかもしれません。

B. Our children and loved ones may be permanently injured or even killed.

私たちの子どもや愛する人は、これからもずっと怪我をしたり、殺されたりするかもしれません。

2. Take steps to avoid such tragedies today.

今日、そのような悲劇を避けるための措置を講じてください。

A. Install secure railings and good lighting on all staircases.

すべての階段に安全な手すりと適切な照明を設置してください。

B. Keep matches and combustible materials out of the reach of children.

マッチや可燃物は子どもの手の届かないところに保管してください。

C. Dispose of all plastic bags as soon as they are emptied.

すべてのビニール袋は空になったら、すぐに処分してください。

D. Keep all poisonous substances under lock and key.

有毒物質はすべて厳重に鍵をかけて保管してください。

Stage 5 結論 (requesting action)

Remember, your home will be a safe place only if you yourself make it so.

ご自分がそのようにしさえすれば、家庭は安全な場所になることを覚えておいてください。

　ここで示したアウトラインからプレゼンテーションなどの原稿を作成する必要があります。

● アウトラインの肉付け

　アウトラインは話の形を整えるのに有効です。しかし、実際に、その話を発表するときには、学会で発表するとか、論文として発表するなど発表の場を考慮し、それに合った形で肉付け（elaboration）を行う必要があります。

前述のアウトラインの stages 1 – 3 に肉付けをして、発表のための原稿を書いてみましょう。

Stage 1 : Getting Attention

1. Everyone has heard the expression "safe at home."
2. But is your home really a safe place to live in?

| 原稿例 | 🔊 55 |

How many of you have heard the expression "safe at home"? I think most of you are familiar with it. Your home is supposed to be the safest place in the world. It's your territory. But let me ask you to think about this expression for a moment. Is your home really a safe place to live in?

「家庭は安全」という表現を聞いたことがある人は何人いますか？ ほとんどのかたはその言葉をよく知っていると思います。あなたの家庭は世界で最も安全な場所であるはずです。家庭はあなたにとっての領土です。でも、この表現について少し考えていただきたいと思います。 あなたの家庭は本当に住むのに安全な場所でしょうか？

Stage 2 : Stating the problem

This is an important question for all of us.

- Our own well-being is at stake.
- The well-being of our families is at stake.

原稿例 ◀)) 56

I'm asking this because I believe it's a truly important question for each of us. We need to take it seriously, because our well-being is at stake and because the well-being of our families is at stake.

私がこの質問をしているのは、私たち一人一人にとって本当に重要な問いだと思うからです。私たちの幸福が危機に瀕しており、家族の幸福が危機に瀕しているので、私たちはこの質問を真剣に受け止める必要があります。

Stage 3 : Explaining the problem

1. In answering the question of home safety, we must consider two additional questions.

   A. How many accidents occur in the home?
   B. How serious are these accidents?

原稿例 🔊 57

To be more specific, let's consider two additional questions. How many accidents occur in the home? How serious are these accidents? We need to answer these questions if we're going to think carefully about home safety.

具体的には、さらにふたつの質問を考えてみましょう。家庭で何件の事故が発生するでしょうか？ これらの事故はどれほど深刻でしょうか？ 家庭での安全について慎重に考えるならば、これらの質問に答える必要があります。

2. In neither case are the facts encouraging.

   A. Statistics gathered by the National Safety Council show that, in the year 2018, accidents in the home were responsible for about 2,000,000 disabling injuries.

 原稿例 | 🔊 58

As for the first question, I'll refer to the statistics released by the NSC, the National Safety Council. They report that accidents in the home were responsible for 2,000,000 disabling injuries in 2018. Two million injuries in just one year! This figure is terrifying.

最初の質問については、NSC、すなわち全米安全評議会が発表した統計を参照します。彼らは、家庭での事故が2018年に200万人の身体障害となる負傷の原因であったと報告しています。たった1年で200万人の負傷者がいます！ この数字にはぞっとします。

B. In the same year, home accidents were the cause of 37,500 deaths.

  I. Falls were the cause of 15,000 deaths.

  II. Burns, suffocation, and poison were other leading causes.

原稿例 🔊 59

Regarding the second question, the statistics show that there were 37,500 deaths due to home accidents. More specifically, falls were the cause of 15,000 deaths. Other leading causes include burns, suffocation, and poison. In other words, we cannot simply assume that our home is a safe place. We have to take measures to make it safer.

2番目の質問に関して、その統計は、家庭での事故で37,500人の死者があったことを示しています。より具体的には、転倒は15,000人の死亡の原因でした。その他の主な原因には、火傷、窒息、毒物などがあります。言い換えれば、私たちの家が安全な場所であると単純に仮定することはできません。家庭をより安全にするための対策を講じる必要があります。

以上、作成した部分原稿をまとめて発表のドラフトを作成すると次のようになります。

🔊 60

How many of you have heard the expression "safe at home"? I think most of you are familiar with it. Your home is supposed to be the safest place in the world. It's your territory. But let me ask you to think about this expression for a moment. Is your home really a safe place to live in?

I'm asking this because I believe it's a truly important question for each of us. We need to take it seriously, because our well-being is at stake and because the well-being of our families is at stake.

To be more specific, let's consider two additional questions. How many accidents occur in the home? How serious are these accidents? We need to answer these questions if we're going to think carefully about home safety.

As for the first question, I'll refer to the statistics released by the NSC, the National Safety Council. They report that accidents in the home were responsible for 2,000,000 disabling injuries in 2018. Two million injuries in just one year! This figure is terrifying.

Regarding the second question, the statistics show that there were 37,500 deaths due to home accidents. More specifically, falls were the cause of 15,000 deaths. Other leading causes included burns, suffocation, and poison.

In other words, we cannot simply assume that our home is a safe place. We have to take measures to make it safer.

「家庭の安全」という表現を聞いたことのある方はどれぐらいいるでしょうか。ほとんどのみなさんにとって親しみのある表現だと思います。あなたの家庭は世界中で一番安全な場所であるはずです。自分の縄張りだからです。しかし、この表現について少し考えてみてください。あなたの家庭は生活する上で本当に安全な場所でしょうか？

みなさんにこの問いを投げかけているのは、私たち一人一人にとって本当に重要な問題だと考えているからです。この問題を真剣に受け止めなければなりません。というのは、私たちの安寧が危険にさらされているからです。私たちの家族の安寧が危険にされされているからなのです。

もう少し具体的に、次のふたつの問いについて考えてみましょう。家庭での事故はどれぐらい起こっているのでしょうか？これらの事故はどれぐらい深刻なものでしょうか？家庭での安全について慎重に考えるのであれば、これらの問いに答えておく必要があります。

最初の問いに関して、NSC（National Safety Council：全米安全評議会）が出している統計を見ることにしましょう。その報告によれば、2018年において、家庭での事故が200万件の身体障害となる怪我に関与しています。たった1年で200万件もです。この数字は恐ろしいものがありますね。

二番目の問いに関しては、統計によると、家庭の事故による死亡は37,500件でした。もっと具体的にいうと、落下・転倒が15,000件の死の原因でした。他の主要が死亡の原因は、やけど、窒息、そして毒物が含まれます。

言い換えれば、家庭は安全な場所であると単純に想定することはできないということです。より安全にするための手段を講じる必要があるのです。

ここで大切なことは、問題解決型のタスクを行うためのナビゲーターを援用して、まずは、アウトラインとして文章化すること、そして、それを必要に応じて肉付けし、発表原稿を作成するということです。発表原稿は、必要に応じて、何度も自分で編集する必要があります。発表の場を想定しながら、練習する中で、何をどう変更するのがよいかが見えてきます。

まとまった内容を表現するための

オーガナイジングと
マインド・マップ

まとまった内容を表現するまでのプロセスを見てみよう

　まとまった内容を表現するには、「準備なしにいきなり」というわけにはいきません。そこで、何を話すか、それをどう話すかをある程度整理しておくことが必要です。本書は、ナビゲーターという発想に着目し、発話情報の流れを整理して順番に並べ、話したり、書いたりする方法を提案しました。ここでは、アイディアから表現までの過程について見ておきます。

　何かまとまった内容のことを話そうとすれば、話す内容を考え（アイディアの生成）、そのアイディアを組み立てていく必要があります。アイディアの組み立てのことをオーガナイジング（organizing）といいます。話の流れを考えて情報を並べるという意味ですが、基本的には、入り方（opener）、本論（body）、そして終わり方（closer）の3つのパートに分かれます。

　オーガナイジングによって情報の流れが整理できたとしても、そのままでは、魅力的なストーリーになるとは限りません。そこで、注目したいのがハイライティング（highlighting）です。情報にメリハリをつけて、聞き手の注意を惹きつけるための工夫です。通常は、入り方と終わり方にハイライティングのポイントをもってくるといいでしょう。そして、エラボレイティング（elaborating）があります。これは、情報の肉づけです。流れができ、メリハリがついたところで、必要な情報を足す作業です。そして、エクスプレッシング（expressing）、つまり、表現そのものです。口頭で発表する際にはスライドとカード（要点のみをメモ的にまとめたもの）を作成し、それを使って発表します。

　これを、一連の流れでまとめれば、右上のようになります。

● アイディア生成から表現までのプロセス

Generating	Organizing	Highlighting	Elaborating	Expressing

●図：アイディア生成から表現までのプロセス

Generating	マインド・マップなどを使ってアイディアを自由に創り出す。
Organizing	アイディアをアウトライン形で論理的に並べる（main ideas と subordinating ideas の区別を行う）。
Highlighting	アウトラインにインパクトを加える
Elaborating	アウトラインを文章として肉付けする。
Expressing	作成したコンテンツを文章の形、あるいは口頭で発表する

事例：お気に入りのコーヒーショップ

　おいしいコーヒーを飲むなら Joe's Café がおすすめだとします。そして、この Joe's Café について説明する課題が与えられたとします。

　上記の「アイディア生成から表現までのプロセス」を使って準備をしてみましょう。

　まずは、アイディア生成です。次ページにあるようなマインド・マップを利用するとアイディアを生み出していくことができます。

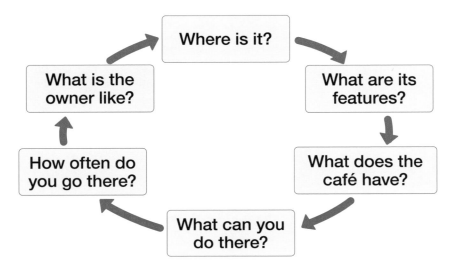

これは**マインド・マップ**と呼ばれ、Joe's Café について思いつく
質問を挙げ、それに答えていきます。以下がその例です。

Where is it?

Joe's Café is located near Moriya TX Station. It is right
across from a big shoe store.

ジョーズカフェは守谷 TX 駅の近くにあります。大きな靴店のちょうど真向かいです。

What are its interesting features?

It's small and cozy.　　小さくて気持ちいいです。

It's a little messy, but very comfortable.

少し雑然としているけれども、とても気持ちがよいです。

What does the café have?

It has comfortable seats.　　気持ちのよい座席があります。

They have an old sound system.　　古い音響装置があります。

There are superb loud speakers. 素晴らしいラウドスピーカーがあります。

What can you do there?

It's a good place to enjoy good coffee and music.
おいしいコーヒーと音楽を楽しむのに最適な場所です。

You can listen to jazz and blues. ジャズやブルースが聞けます。

You can drink nice coffee. おいしいコーヒーが飲めます。

How often do you go there?

I think it's a good place to go once a week.
週に一度過ごすのにはよい場所だと思います。

What is the owner like?

The owner is a quiet person. He doesn't talk much, but he is very knowledgeable about jazz.
オーナーは静かな人です。あまり多くは話しませんが、ジャズには精通しています。

　次に、アイディアをアウトライン形で論理的に並べる**オーガナイジング**ですが、**Opener – Body – Closer** の形に情報を並べます。

Organizing

● Opener

I'm going to tell you where I go to have a good cup of coffee. おいしいコーヒーを飲むために私がどこへ行くのかをお話しします。

● Body

I go to Joe's Café at least once a week. It's near Moriya

TX station. If you go out the exit, you'll see a big shoe store on your left. The café is right across from the store.

私は少なくとも週に一度はジョーズカフェに行きます。 つくばエクスプレスの守谷駅の近くです。 出口を出ると、左側に大きな靴屋があります。 カフェは店の向かいにあります。

The owner welcomes you with a simple "irasshai" (meaning "welcome"). The owner is a quiet person. He doesn't talk much, but he is very knowledgeable about jazz.

オーナーはシンプルに「いらっしゃい」(「ようこそ」を意味する)といってあなたを迎えます。 オーナーは静かな人です。 彼はあまり話しませんが、ジャズについては非常に精通しています。

It's small and cozy. You may feel it's a little messy, but I'm sure you'll be very comfortable.

小さくて居心地がよいです。 少し雑然と感じるかもしれませんが、きっととても快適に感じると思います。

The shop has comfortable seats. There is an old sound system with superb loud speakers.

お店には快適な座席があります。 すばらしいラウドスピーカーを備えた古い音響装置があります。

It is definitely a good place to enjoy good coffee and music. You can listen to jazz and blues while drinking nice coffee. I usually stay there for at least an hour.

そこは間違いなくおいしいコーヒーと音楽を楽しむのによい場所です。 素敵なコーヒーを飲みながら、ジャズやブルースを聞くことができます。 私は通常少なくとも1時間はそこで過ごします。

● Closer

It's a good place to go once a week.

週に一度行くにはよい場所です。

　このままでは、少し物足りません。そこで、メリハリをつけて聞

く人を惹きつけるため、Opener と Closer の部分に注目し、**編集 (highlighting)** をします。以下がその例です。

Highlighting

● Introduction: Opener → *p.225* の **Opener を編集**

Do you want to go to a relaxing place? Do you like coffee? How about music? What kind of music do you like?

リラックスできる場所に行きたいですか？ コーヒーはお好きですか？ 音楽はどうですか？ どんな音楽がお好きですか？

● Conclusion: Closer 決め台詞 *p.226* ページの **closer を編集**

If you find a café like Joe's Café, you'll have a nice hideout where you can relax.

ジョーズカフェのようなカフェを見つけることができれば、リラックスできる素敵な隠れ家を持つことになるでしょう。

そして、必要な情報を肉付けしながら原稿を仕上げます。これはエラボレイティングという作業です。これで原稿が仕上がります。以下がその例です。

Elaborating 🔊 61

Do you want to go to a relaxing place? Do you like coffee? How about music? What kind of music do you like? Jazz?

I go to Joe's Café at least once a week. It's near Moriya TX station. If you go out the exit, you'll see a big shoe store on your left. The café is right across from the store. The owner welcomes you with a simple, smileless "irasshai" (meaning "welcome"). The owner is a quiet person. He doesn't talk much, but he knows a lot about jazz. Once he starts talking about it, he never stops, but he's really informative.

You may find the shop rather small. You may also feel it's a little messy. But I'm sure you will be very cozy.

＜青字の部分の訳＞でも彼はジャズについてよく知っています。　彼がジャズについて話し始めると止まりません。そして彼の話は本当に有益です。
お店はかなり小さいかもしれません。また、少し雑然としていると感じるかもしれません。
しかし、きっとその店がとても居心地のよい場所だと感じると思います。

The shop has comfortable seats. There is an old sound system with superb loud speakers.

I believe it is definitely a good place to enjoy good coffee and music. You can listen to jazz and blues while drinking nice coffee. I usually stay there for at least 90 minutes.

If you can find a café like Joe's café, you'll have a nice hideout where you can relax.

＜青字の部分の訳＞もし、ジョーズカフェのようなカフェを見つけることができれば、くつろぐことができる素敵な隠れ家をもつことになります。

　あとは、発表のみです。

Expressing

　原稿をそのまま読み上げるのでは表現活動としては魅力に欠けます。そこで、必要なのが、ノートカードのようなものです。ポイントをカードに書き、自然体で自信をもって発表してください。

アイディア生成のための
Mind Map の応用例

　マインド・マップ（必要な連想事項を整理した産物）を作成し、そこからまとまった内容を表現する訓練をすると、表現に必要な言語リソースも準備することができ、英文化しやすくなります。以下は「わさびと寿司」というテーマで作成したマインド・マップです。日本語で連想内容を書きながら、流れを意識したマインド・マップを作成します。日本語の部分は、後ほど英語にするとよいでしょう。

　ここでは、参考までに、「わさびと寿司」と「おでん」を説明する際のマインド・マップを紹介しておきます。

わさびと寿司

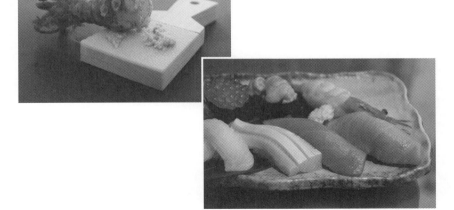

● わさびと寿司

スパイスの一種
a type of spice

辛い緑の練り物
a hot paste

すりおろした根野菜
a grated root vegetable

wasabi

寿司に使う
be used in sushi

ごはんと刺身の間に少し塗る
spread a little bit of *wasabi* between the rice and *sashimi*

子どもだけではなく大人でも
キツイ味
harsh for kids and even some adults

わさび抜きを頼む
ask to leave out the *wasabi*

What is *wasabi*?

🔊 62

Wasabi is a type of condiment. It is a green paste with a pungent flavor, and it is commonly used in sushi. *Wasabi* is actually a root vegetable. It's grated into a paste. In sushi, a little bit of *wasabi* is placed between the rice and the fish. The taste is too harsh for many kids and even some adults, so you may want to ask the shop to leave it out.

わさびは調味料の一種です。ツンとくる味の緑色の練り物です。よく寿司に使われます。わさびは、実際は根野菜で、ペースト状にすり下します。寿司では、ごはんと魚の間に少し載せて使います。多くの子どもだけでなく大人にもキツイ味なので、わさびを抜くようお店に頼むことができます。

おでん

同様に、「おでん」についてもマインド・マップを作成してみましょう。すると、以下のようなものができ上がります。

a type of hot-pot dish 熱い鍋物

be simmered in broth スープでぐつぐつ煮る

karashi or hot Japanese mustard 「からし」という辛い日本のマスタード

oden

different kinds of food 違う種類の食べ物

fish meatballs, fried tofu, konnyaku—a hard gelatin-like food—a type of seaweed called konbu, boiled eggs, and daikon raddish 魚のミートボール、揚げ豆腐、こんにゃく（しっかりしたゼラチンのような食品）、昆布と呼ばれる海藻、ゆで卵、大根

winter dish 冬の料理

a pot of oden in convenience stores コンビニのおでんの鍋

pick your favorite ingredients from the pot and take them home 鍋から好きな具を選び、家に持ち帰る（コンビニにおでん）

ここでは思いつくまま（ランダムに）連想する内容をマップに書き込んでいます。このようなマップを利用すれば、表現は容易になるはずです。もちろん、表現する過程においては、ストーリーの流れを考える必要があります。以下はその例です。

What is *ODEN*?

🔊 63

Oden is a type of hot-pot dish. You put various ingredients in a pot filled with broth and let them simmer. Usually, it contains fish meatballs, fried tofu, *konnyaku*—a firm gelatin-like food—a type of seaweed called *konbu*, boiled eggs, and *daikon* radish. *Karashi*, or Japanese hot mustard, goes well with *oden*. It is a cold-weather dish. In winter, most convenience stores have a pot of *oden*. You can pick your favorite ingredients from the pot and take them home.

おでんは暖かい鍋料理の一種です。いろいろな素材をだしのきいた鍋に入れて、ぐつぐつと煮ます。ふつうは、魚のミートボール、揚げ豆腐、こんにゃく（しっかりしたゼラチンのような食品）、昆布と呼ばれる海藻、ゆで卵、大根が入ります。辛子（日本式の辛いマスタード）がおでんとよく合います。これは寒い季節の料理です。冬になると、ほとんどのコンビニにおでんの鍋が出ます。鍋から好きな具を選び、家に持ち帰ることができるのです。

7段階の論理の展開方法と
キーワード&キーフレーズ 98

日本文化を紹介するために
役立つ英語表現ナビゲーター

7段階の論理の展開方法と
キーワード&キーフレーズ98

　スピーチ、論文、プレゼンテーションなどに使えるワンステップアップした7段階の本格的な論理展開方法と、役立つキーワードとキーフレーズを紹介します。 ◀)) が音声収録されている箇所です。

> ① 話題を導入する
> ② 問題の背景を述べる
> ③ 具体的な目的を述べる
> ④ 情報を並べる
> ⑤ 全体と部分の関係に注目する
> ⑥ 論を展開する
> ⑦ 議論をまとめる

① 話題を導入する

テクニック1 [修辞] 疑問文を立てる　◀)) 64

　疑問文で問題点を訴えかけるという方法は、典型的な話題導入の方法です。

例 ◀))
· What would happen to our planet if the population continued doubling every 30 years?
　もし人口が30年ごとに倍になり続けたら地球はどうなるでしょうか。
　→人口問題を話題にする

· How does knowledge of the Japanese language influence English learning?

日本語の知識は英語の学習にどう影響するでしょうか。

→母語の外国語学習への影響を話題にする

テクニック2　直接的に話題を導入する　　🔊 65

　直截に、「これこれしかじかの問題について考察したい」と話題を導入する方法もあります。

例 🔊
・In this paper, we'll discuss the issue of the population boom.

この論文では、人口の急増の問題について考察していきます。

・The topic of this paper is the replicability crisis in psychology.

この論文で議論したいテーマは心理学における再現性の危機です。

テクニック3　「ある人は〜と主張しているが、　🔊 66
　　　　　　　しかし……」という書き始め方

　さまざまな見解があることが前提となる場合は、「〜と主張する人もいるが」という出だしも、常識的な見解に疑義を申し立てる際には有効です。

例 🔊
Optimists believe and often assert that science will find solutions to the problem of overcrowding, namely by providing the means to immigrate to other planets. But this solution is totally utopian.

楽観主義者たちは、科学が他の天体に移住する手段を可能にすることで、人口過密の問題の解決策を見出すであろうと信じており、しばしばそのように主張しています。しかし、この解決法はまったく非現実的な空想です。

→人口過密の問題に対するある見方。それは非現実的だ、と述べ立てる。

235

テクニック4 「過去においては」と過去のことに言及 🔊 67

　現在との対比をねらいに、「以前は」「過去においては」と過去に言及する話題の導入のしかたもあります。

| 例 🔊 |・A decade ago, few people claimed that long-established department stores would be replaced by online shops.

　　10年前には、老舗のデパートがオンラインショップに取って代わられるだろうと主張する人はほとんどいませんでした。

　　・Back in the 1960s, two great black leaders were assassinated, namely Malcolm X in 1965 and Martin Luther King, Jr. in 1968.

　　1960年代に遡ると、ふたりの偉大な黒人指導者が暗殺された。すなわち、1965年のマルコムXと1968年のマーティン・ルーサー・キング・ジュニアです。

テクニック5 「最近では」と現在・最近の状況に注目 🔊 68

　過去との対比で「現在では」「最近は」「今日」と現在に視点を置いた話題導入の方法もあります。

| 例 🔊 |・In recent years, we have witnessed a new trend for computer-based online teaching in different fields.

　　最近では、いろいろな分野でコンピュータを使ったオンライン指導の新しいトレンドが見られるようになっています。

　　・Today, more and more people in Japan are using credit cards instead of cash to buy things in stores.

　　今日では、店での買い物で現金の代わりにクレジットカードを使う人が日本ではますます増えています。

② 問題の背景を述べる

　主題を導入したら、その主題についての背景について述べます。「背景（background information）」には、あらたに調査や研究をする必要があるということと、直接的な研究課題を絞り込むことという、ふたつのねらいがあります。

テクニック１ 「～と主張するものもいれば、～と　🔊 69
主張するものもいる」と意見を対比

Some claim that (such and such) is the case, while others claim otherwise.（＜カクカクシカジカ＞のことが事実であると主張する人もいれば、そうではないと主張する人もいます）が典型的な表現の型。

例 | Some claim that a woman's main responsibility in
🔊 | life is to take care of her children. In other words, a woman should not work outside of the home if she has preschool age children. Others strongly oppose this claim. They insist that a woman has as much of a right as a man to work outside the home, even if she has children. A woman's place is not in the kitchen.

> 子どもの世話をすることが女性の人生での主な責任であると主張する人たちがいます。言い換えれば、子どもが学童に達するまでは外で働くべきではないということです。この主張に強力に反対する人たちもいます。彼らは、たとえ子どもがいても、家の外で働く男性と同じ権利を女性も持っていると主張しているのです。女性の場所は台所にはないということです。

テクニック２ 接続表現を用いてアイディアを対比　🔊 70

　文中での比較であれば while、whereas、文同士の比較であれば

on the other hand、in contrast、and yet などをよく使います。

| 例 | · TV provides free entertainment in the form of
| 🔊 | sports, movies, and music programs. On the
other hand, it also has many silly comedies, soap
operas, and variety shows.

テレビはスポーツ、映画、音楽といった無料のエンタメを提供してくれる。一方、
多くのばかばかしいコメディやメロドラマやバラエティーショーも提供している。

· TV has the power to bring about social change. TV
coverage contributed to the end of the Vietnam
War and the advancement of the civil rights
movement. On the other hand, we must be aware
that TV easily turns us all into armchair experts
who simply repeat what is said on TV.

テレビは、社会変革をもたらす力を持っています。テレビ報道は、ベトナム戦
争が終結し、公民権運動は進むのを後押ししました。一方、テレビというものは、
テレビでいわれたことを繰り返すお茶の間の専門家に私たちを変えてしまうと
いうことに気づかなければなりません。

· TV can provide good programs that teach children
at an early age, and yet it can easily expose small
children to violent and hazardous content.

テレビは、幼児期に子どもを教育するよい番組を提供することができます。が
しかし、小さな子どもたちが暴力的で危険な番組に簡単に触れてしまうことに
もなります。

· Few producers have so far done a long-term scientific
study about the danger of chemical additives,
whereas a growing number of consumers suspect
that chemical additives can cause cancer.

ほとんどの生産者は、化学的添加物の危険性について長期の科学的研究をこれま

で行ってきていません。一方で、化学的添加物はがんを誘発すると疑う消費者の数は増えています。

· Durkheim distinguished between what he called mechanical solidarity and organic solidarity. Mechanical solidarity describes the types of relationships that link together members of small, stable communities. In contrast, organic solidarity is produced through the interdependence that arises from specialization of work in modern and industrial societies.

デュルケームはいわゆる機械的連帯と有機的連帯を区別しました。機械的連帯は、小さな、安定したコミュニティーの成員たちを結びつけるタイプの関係を指します。これと対比的に、有機的連帯は、近代の産業化社会における仕事の専門化によって起こる相互依存性を通して作り出されます。

テクニック3 「一般的な通念（神話）を示し、問題があることを示す」方法　◀)) 71

よく使われる表現に、It is generally understood that... However, such is not necessarily the case.（〜であると一般には理解されている。しかし必ずしもそうとは限りません）あるいは Most people believe that... However, some have started to suspect the validity of the common belief.（ほとんどの人は〜であることを信じています。しかし、人々の中には共通に信じられていることの妥当性を疑う人も出てきました）があります。

例 ◀)) It is generally understood that different brain areas perform specialized functions. The idea of the localized nature of the brain originated from studies of brain damage. This idea is intuitively appealing because different parts of our body such as the hands, kidneys, and eyes perform different functions. The brain is of course part of our body. More recently, however, a number of researchers have started to question the validity of the idea, and highlight the high connectivity of the brain and the neural interaction across disparate areas.

脳の異なった部位は特定の機能を担うと一般に理解されています。この脳の局所化という考えは、脳損傷の研究に端を発しています。この脳機能が局所化しているという考えは、直観的にも訴えるものがあります。というのは、手、腎臓、目といった身体の異なった部位は異なった働きをするからです。脳ももちろん身体部位のひとつです。しかし、最近になって、多くの研究者は、その考えの妥当性を疑い始めました。脳の高度な結合と異なる部位にまたがる神経の相互作用に注目するようになってきています。

テクニック4 エピソード・事件などを語ることで　🔊72 状況変化を示す

　下記の英文前半の The Internet and Education の続きとして、後半にエピソード・事件を加えて状況変化を示すと以下のようになります。

例 🔊 In recent years, more and more people are using the Internet in their daily life. Many use it in their free time. More specifically, people use Google, Facebook, YouTube, Line, or Twitter for entertainment. Use for educational purposes seems to be much lower.

- -

However, the novel coronavirus has affected social activities unexpectedly and devastatingly. As a consequence, schools have shut down throughout the country, and this has been prolonged for more than a month. Children have been deprived of the ability to learn in school. To handle this challenging situation, teachers have started using services like Zoom and YouTube for educational purposes. The Internet has made it possible for students and teachers to interact and connect with each other.

A new form of education is emerging. To make online education more user-friendly and more effective, teachers have to change the way they think about teaching. If they teach online the same way they taught in a classroom setting, both teachers and their students will easily get frustrated.

　最近、インターネットを日々の生活で使っている人がどんどん増えています。彼らのほとんどは、自由な時間に使っています。具体的にいえば、人々は Google、Facebook、YouTube、Line、Twitter を娯楽のために使っています。教育的な目的での使用ははるかに少ないようです。

　しかし、新型コロナウイルスが予期せずそして破壊的に私たちの社会生活を直撃しました。その結果、全国の学校も閉鎖され、閉鎖は 1 カ月以上続いています。子どもたちは学校で学ぶ機会を奪われました。この難しい状況に対処するため、教師たちは教育目的で Zoom や YouTube といったサービスを使い始めました。インターネットが、先生と生徒が互いつながり、やりとりすることを可能にしたのです。
　新しい教育形態が起ころうとしています。オンライン教育をより使いやすく、教育的に効果的にするためには、教師が指導についての考え方を刷新する必要があります。もし教室で教えていたのと同じようにオンラインで教えるなら、教師と生徒の双方ともすぐに不満に感じるようになるでしょう。

③ 具体的な目的を述べる

　話題を示し、その背景を説明した後に必要なのは、話題を絞り込み、研究の対象としての問題、あるいは研究の目的を示すことです。

研究目的を述べる際の代表的な動詞
- **examine**: 検査・試験などを通して調べる
- **research**：科学的・学術的な調査を行う
- **investigate**：詳しく調べ上げる、研究する
- **survey**：全体を見渡す感じで調査する
- **explore**：未知の事柄を探索調査する
- **study**：研究する（研究を表す一般語）

テクニック1 「 一般的には〜を扱う。もっと具体的には〜する」と絞り込む ◀)) 73

典型的な表現方法に、In general... More specifically...（大まかには〜さらに具体的には〜）があります。

例 ◀)) In general, this study explores the issue of water pollution. More specifically, it examines the relationship between the degree of water pollution and the number of plants in a given area.

大まかには、この研究は水質汚染の問題を探究します。もっと具体的には、水質汚染の程度と当該地区の工場の数の関係を調べます。

テクニック2 「本研究は具体的には〜に関わっている」と明示 ◀)) 74

Useful Expressions

· This study specifically deals with...
本研究は具体的には〜と関わっています。

· In particular, this study investigates...
本研究は特に〜を調査します。

例
🔊 This study specifically deals with a five-year technical cooperation project between the government of Japan and the government of Malaysia. In particular, this study investigates how solid waste can be transferred to dumping sites safely and efficiently.

本研究は日本政府とマレーシア政府の間の5年間の技術協力を扱っています。具体的には、固形廃棄物をどうやって安全にかつ効率的に埋め立て地に移すかについて調査するものです。

テクニック3 「本研究は〜する試みである」「本研究が 🔊 75 目指すのは〜することである」という表現

Useful Expressions

· This is an attempt to explore the issue of...
この研究は〜の問題を研究する試みです。

· This study aims to...　この研究がねらいとするのは〜です。

· This study attempts to...　この研究は〜を目的としています。

例
🔊 This is an attempt to explore the issue of increased crime in urban ghettos in the Philippines.

この研究はフィリピンの都市部のスラムにおいて増加する犯罪の問題を研究する試みです。

This study aims to explore the issue of increased crime in urban ghettos in the Philippines.

この研究がねらいとするのは、フィリピンの都市部のスラムにおいて増加する犯罪の問題を研究することです。

テクニック4 「本研究の目的は〜である」と 🔊 76 単刀直入に目的を明示

Useful Expressions

· The purpose of this paper is to report...

この論文の目的は〜を報告することです。

- The main objective of this paper is...

  この論文の主な目的は〜です。

- The target of this study is...　この研究の目標は〜です。

- This paper has two aims: First..., Second...

  この論文の目的はふたつあります。ひとつめは〜、ふたつめは〜です。

- The aim here is to investigate...

  ここでの目的は〜を調査することです。

- The ultimate goal is to produce...

  究極の目標は〜を生み出すことでした。

- The overall goal of this study was (to pursue)...

  この研究の全体的な目標は、〜（を追求すること）でした。

| 例 | The purpose of this paper is to report on the 🔊 progress of the National Computer Institute Project.

　　　この論文の目的は、国立コンピュータ研究所（開設）プロジェクトの進展について報告することです。

テクニック5　「本研究では、以下の点について　🔊 77　　　　　　　考察する」と論点を列挙

Useful Expressions

- In this report, the following points will be discussed.

  この研究では以下の点について考察しています。

| 例 | In this report, the following points will be discussed:

🔊　　1. the government language policy
　　　2. the effect of the policy on school education

　　　本研究では以下の点について考察します。
　　　1. 政府の言語政策
　　　2. 学校教育におけるその政策の効果

④ 情報を並べる

第1に、第2にといった具合に 順序通りに配列する 🔊 78

Useful Expressions

first, second, third, fourth, ..., finally
first of all, then, next, after that, finally
one of the functions, a second function, a third function, finally

例 🔊 One of the primary functions of public education is cultural socialization: teaching students what it means to be Japanese, American, or Chinese. A second function of public education is instruction: teaching young people the skills and knowledge they will need as adults, and training them to do necessary work. Selecting and developing talent is a third function of education. Schools bear primary responsibility for selecting talented children and developing their abilities. At the same time, however, the schools are expected to educate every child, whatever his or her talents are. Finally, schools are called upon to innovate our society – to conduct medical research and to offer solutions for social problems.

公共教育の主要な機能のひとつは文化的社会化です。つまり、生徒に日本人とは、アメリカ人とは、あるいは中国人とは、について教えること。第2の機能は、指導です。つまり、大人として必要になる技術や知識を若い人たちに教え、必要な仕事ができるように訓練すること。才能を見極め、発達させることが教育の第3の機能です。学校は才能ある子どもを見出し、その能力を発達させる責任をもちます。しかし、同時に、学校はどのような才能の持ち主であっても、あらゆる子どもを教育することが期待されています。最後に学校は社会を変革することが要請されます。医療研究を行い、社会問題を解決するためです。

テクニック2 ポイントをリスト化する 79

> 1. アルファベット順 : a, b, c, and so on.
> 2. 大きいから小さい ; 低いから高い ; 狭いから広い ; etc.
> 3. 議論する順序にポイントをリスト化

例 （議論する順番にリスト化）

No matter how a family is defined, there seem to be three crucial social functions that are carried out by families throughout the world:

1. producing new members of society;
2. child care;
3. teaching children the values, traditions, and norms of society.

Thus, in all societies there is one constant feature: the production, education, and sustainment of succeeding generations.

家族をどのように定義するにせよ、世界中の家族で果たされる3つの重要な社会機能があります。

1. 社会の新しい成員を再生産すること
2. 子どもの世話をすること
3. 社会の価値観、伝統、規範を子どもに教えること。

このように、どんな社会にもひとつの変わらない特徴があります。それは、すなわち、後続の世代を作り、教育し、維持するということです。

テクニック3 空間的に物の配置を示す ◀)) 80

> 左から右；手前から奥；時計回り；見えた順に表現する。

例 ◀)) The well is next to the apple tree, which is behind the barn.

井戸はリンゴの木の隣にあり、リンゴの木は納屋の後ろにあります

Further down the field is a stream, beyond which lies another meadow with three cows grazing near a fence.

原っぱをずっと下にいけば小川があり、それを超えたところにフェンスの近くで草を食べている3頭の牛がいる別の牧草地があります。

Useful Expressions

- the upper half of X Xの上半分
- the top of X Xの上部
- the lower half of X Xの下半分
- across the top of X Xの上部を横切って
- along the left-hand side of X Xの左側に沿って

例 ◀)) 1. There is a line in the middle of the picture frame.
絵の枠の真ん中に線があります。

2. The upper half of the picture is green, and the lower half is red. 絵の上半分は緑で、下半分は赤です。

3. There are ten Xs across the top of the picture, and ten Ys across the bottom.

絵の上部の横の端に沿って10個のXがあり、下部の横の端に沿って10個のYがあります。

4. A man's name is written along the left-hand side of the picture and a woman's name along the edge to the right.

男性の名前が絵の左側に沿って書かれており、女性の名前が右側の端に書かれています。

5. You can see a picture of a ball in the center.

絵の真ん中にボールの絵が見えます。

6. There's a drawing of a bat in the upper right-hand corner and a mitt in the bottom left-hand corner.

上の右すみにバットの絵が、下の左すみにミットの絵があります。

テクニック 4 分類する

分類（classification）は情報の並べ方（enumeration）の一種です。

Useful Expressions

a type of... ~のタイプ / a kind of... ~の一種 / classify 分類する / categorize 分類する / break down 分類する / divide up 振り分ける / group into 分類する / classification 分類 / categorization 分類 / breakdown 分類

例 Max Weber identified three types of authority: legal, charismatic, and traditional. Legal authority derives from a system of explicit rules or laws that define legitimate uses of power. Authority is vested in offices or positions. Charismatic authority is the opposite of legal authority. It derives from exceptional personal qualities that people perceive as a "gift of grace." Traditional authority lies between legal authority and charismatic authority. In

traditional societies people tend to regard the way
things have always been done as sacred.

マックス・ウエーバーは3つのタイプの支配を明らかにしました。それは、法的
支配、カリスマ的支配、そして伝統的支配です。法的支配は、支配の正統な使用
を規定する明示的な規則や法律の体系に由来するものです。支配はオフィスや地
位に付与されています。カリスマ的支配は法的支配の正反対のものです。それは、
人々が天賦とみなす並外れた個人的な性質に由来します。伝統的支配はその中間
に位置します。伝統的な社会では、人々はこれまで行われてきたものを神聖なも
のとみなす傾向があります。

テクニック5 出来事を時間に沿って並べる ◀)) 82

　出来事の生起順、初めから終わりまでの工程などを表現します。
下記の例は具体的な年月日を使って出来事を述べていますが、Usefel
Expressions のような表現を使って工程を示すこともできます。

Useful Expressions

in the beginning 最初のうちは / in the middle 〜の半ばで /
in the end 結局は / in the past 過去に / recently 最近 /
gradually 次第に / next 次に / in the meantime その間に /
at the same time 同時に / and そして / next 次に /
after that そのあと / then それから / later あとで /
somewhat later 少し遅れて / eventually 結局は / at last 最後に

例 ◀)) On May 5, 1961, Lieutenant Commander Alan
Shepard became the first American to enter outer
space. On December 21-27, 1968, Frank Bormann,
James A. Lovell Jr. and William A. Anders completed
man's first lunar flight, a 590,000-mile voyage to the
moon and back.

1961年5月5日、Alan Shepard 少佐は、宇宙に行った最初のアメリカ人にな
りました。1968年12月21日〜27日、Frank Bormann、James A. Lovell
Jr. そして William A. Anders は月までの59万マイルを往復する飛行を行った、
最初の人間になりました。

原因―結果の流れ 🔊 83

　あることを行えば、ある結果になるという流れで表現することを **cause-and-effect sequence** と呼びます。感染症が発生したらどういう結果になったとか、その対策を講じたらどうなったかなどと述べる方法です。

Useful Expressions 🔊

- **lead to...**　～を導く

  Reducing speed limits strictly will lead to fewer accidents.　制限速度を厳しく下げると事故が減ります。

- **result in...**　～をもたらす

  Heavy drinking results in widespread violence in that area.　大量飲酒は、その地域での暴力を拡大することになります。

- **cause**　～を引き起こす

  Poor driving skills often cause accidents on the road.

  運転量技術が未熟だとたびたび路上で事故を起こすことになります。

- **affect**　影響を及ぼす

  The divorce affected every aspect of my life.

  離婚したことは私の人生のあらゆる局面に影響を及ぼしました。

- **bring about...**　～をもたらす

  A long, tiring negotiation finally brought about a resolution between the two groups.

  長く疲労に満ちた交渉がついにふたつのグループ間の解決をもたらしました。

- **contribute to...**　～に貢献する

  Listening to BBC News every day will contribute to improved English listening comprehension.

  BBCのニュースを毎日聞けば、英語のリスニング力の向上に役立ちます。

- change 〜を変える

Fires have changed the ecology of the Amazon rainforests.

火災はアマゾン熱帯雨林地帯の生態を変えました。

- produce 〜を生み出す

Climate change produces a number of unexpected disasters around the world.

気候変動は、世界中で多くの予期せぬ災害を引き起こしています。

- therefore したがって

We're expecting severe water shortages this summer; therefore, we should try to save water as much as possible.

今年の夏は深刻な水不足が予想されます。 したがって、私たちは可能な限り水を節約するように努めるべきです。

- because 〜なので

A lot of students lose interest in studying because teachers fail to motivate them to learn.

教師が生徒の学習の動機付けに失敗したために、生徒の多くは学校の科目を勉強することに興味を失っています。

- as a result 結果として

New economic policies were a total failure; as a result, the unemployment rate skyrocketed.

新しい経済政策は完全な失敗でした。 その結果、失業率は急上昇しました。

- so それで

It was raining, so the picnic was cancelled.

雨が降っていたのでピクニックは中止になった。

- consequently その結果

All stores were closed because of the coronavirus; consequently, we were not able to get any food.

コロナウイルスのため、すべての店舗が閉鎖されました。 その結果、私たちは食べ物を手に入れることができませんでした。

Cause（原因）　　　　　　　→　Effect（結果）

1. freezing temperatures　　　damaged apple crops

2. damaged apple crops ——→ fewer apples harvested

Cause　　　　　　　　　　　Effect

1. fewer apples harvested

　以上を参考に、ＴＶのニュース報道の原稿を書くと以下のようになります。

🔊

This winter, Japan had extremely low temperatures in some northern prefectures such as Aomori and Iwate. Many apples were lost. Farmers harvested much fewer apples than usual. Consequently, consumers were forced to pay more for apple products.

この冬、日本は青森や岩手などの北部の県では気温が非常に低かったです。多くのリンゴがダメになりました。農家では例年よりもはるかに少ない量のリンゴしか収穫できませんでした。その結果、消費者は店でリンゴにより高いお金を支払わなくてはなりませんでした。

⑤ 全体と部分の関係に注目する

テクニック1 「もの」の部分に注目　　　🔊 84

　部分から構成される「もの」について記述する際には、その部分に注目することで、具体化することができます。

例 ◀)) The grip, shaft, and head are parts you would discuss when describing the structure of a golf club.

グリップ、シャフト、およびヘッドは、ゴルフクラブの構造について説明する際に話に出すパーツです。

Linguistics consists of phonology, morphology, and syntax.

言語学は音韻論、形態論、統語論（の下位項目）から成る。

テクニック2　機能の列挙　　◀)) 85

　何かの働きについて論述する際には、その働きのいくつかを列挙することで論点をバックアップすることができる。

例 ◀)) The purpose of a municipal police department can be made clear by discussing its responsibilities in traffic control, crime detection, and safety education.

市警の目的は交通規制、犯罪の発見、安全教育についての責任を議論することで明らかにすることができる。

⑥ 論を展開する

テクニック1　理由を述べて論を立証する　　◀)) 86

　主要な論点はその重要性を語る理由を列挙することでバックアップすることができます。典型的なものとして、because 節を用いますが、therefore 節で表現することも可能です。

| 例 | because を使って表現

🔊 We need a new building (1) because our current building is too small, (2) because it lacks an essential laboratory, and (3) because the growth of our city has made it difficult for many students to visit it.

(1) 現在の建物はあまりに小さいこと、(2) 必要な実験施設がないこと、(3) 街の成長に伴って学生数が増え、現在の建物まで通学することが難しくなったこと、という3つの理由で新しい建物が必要です。

　この because を使って理由を述べ立てるやり方に対して、therefore で表現する方法もあります。

| 例 | therefore を使って表現

🔊 Our current building is too small, lacks the necessary facilities, and is in a poor location; therefore, we should construct a new building.

現在の建物はあまりに小さく、必要な施設がなく、不便な立地場所にあります。したがって、新しい建物を建設する必要があります。

テクニック2 例示する　　　🔊 87

　論点が一般的に語られていれば、それをバックアップするのに for example を用いて、具体的な事例を示すことができる。

| 例 | Prejudice is an attitude, while discrimination is an
🔊 act. However, discrimination is not necessarily an expression of prejudice. For example, a black store owner may decide not to hire a Jewish person, not because he himself is prejudiced against him, but because he believes his customers are.

偏見は態度であり、差別は行為です。しかし、差別は必ずしも偏見の表現ではありません。例えば、黒人の店主はユダヤ人の店員を雇用しないかもしれません。彼がユダヤ人に偏見を持っているからでなく、客がユダヤ人に偏見を持っていると信じているからです。

論点：Discrimination is not necessarily an expression of prejudice.

例示：For example, a black store owner may decide not to hire a Jewish person, not because he himself is prejudiced against him, but because he believes his customers are.

テクニック3　視覚情報を提示する　　🔊 88

　問題を詳述するには、表、図、グラフなどの視覚情報を使うと効果的です。この場合、以下に注意すること。

---

1. 論点をバックアップするために視覚情報を用いる。
2. 視覚情報は文章の説明と連動するように位置を考えて載せる。
3. 表や図の場合、そのタイトル、及び、縦軸、横軸などの名前を付ける。
4. 引用の場合は、どこからの引用かを明記する。

Useful Expressions

・ **Figure 1 indicates that...**　図1は〜を表している

・ **As illustrated in Figure 1**　図1に見られるように

・ **The horizontal line represents...**　横軸は〜を表している

・ **The vertical line shows...**　縦軸は〜を示している

・ **A glance at the table above shows that...**
　上の表を少し見れば〜ということがわかる

- **The diagonal line represents...** 対角線は〜を示しています。
- **The space between the line and the curve shows that...** 線と曲線の間の広がりは〜であることを示しています。

　以下は、収入の不平等者を測定するために用いられるローレンツ・カーブ（曲線）です。図を分析し、大切な点を英語で説明すると以下にようになります。

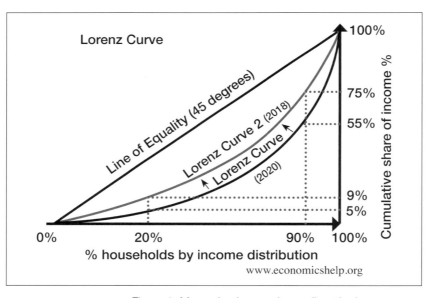

Figure 1: Measuring income inequality—the Lorenz curve

■))

The Lorenz curve is a simple method for portraying economic inequality in a graph. The vertical line indicates the cumulative share of income (%), while the horizontal line shows the % of households by income distribution. The straight diagonal line in the graph represents absolute equality of income distribution. The curve represents the actual distribution of income in

2000. At the lowest point, the poorest 20% earned 5% of the income. Lorenz Curve 2 represents the actual distribution of income in 2018. The poorest 20% earned 9% of the income. The space between the line and the curve shows the degree to which income distribution deviates from absolute equality. The farther away the curve is from the line, the greater the inequality of income.

ローレンツ曲線は経済的不平等をグラフで表す簡単な方法です。縦軸は所得の累積割合（%）を表し、横軸は、収入分布による世帯の累積割合（%）を表しています。図中のまっすぐな対角線は、所得配分が完全に平等な状態を表しています。（図中の黒色の）曲線は2000年の実際の分布を表しています。一番低い点で、最貧層の20%が所得の5%を得ていることになります。（図中の青色の）曲線は2018年の実際の分布を表しています。最貧層の20%が所得の9%を得ていることになります。直線と曲線の間の広がりは、所得が完全に平等な状態からどれぐらい逸脱しているかの程度を示しています。直線から曲線部が離れれば、それだけ所得の不平等性は大きくなります。

⑦ 議論をまとめる

テクニック サマライジング summarizing　🔊 89

　サマライジングでは、研究・調査などの結果の要約を行います。たいてい以下の慣用表現を使います。

Useful Expressions

- In summary, this paper argued that...
  要約すると、この論文は〜を議論しました。

- To summarize, this study showed...
  まとめると、この研究は〜を示しました。

- Let us now summarize the report.
  ここでレポートをまとめます。

- We suggested that...　〜を提案しました。

　We have shown that...　〜であることを示しました。

 In summary, this report has identified three factors that cause misunderstanding in cross-cultural exchange: anxiety, nonverbal communication, and language.

まとめると、この報告書では、異文化間交流の誤解の原因となる3つの要因を明らかにしました。不安、ノンバーバル（非言語）コミュニケーション、それに言語の3つです。

To summarize, this report examined the issue of social stratification, or the way Nigerian society distributes resources and ranks its members. The first part of the report was a general discussion of the three dimensions of stratification—property, power, and prestige—and the second part dealt specifically with the dimension of prestige in the context of Nigerian society, illustrating how Nigerian people earn their money and spend it.

要約すると、この報告書では社会階層の問題を取り上げ、ナイジェリア社会が資源をどのように分配し、人々のランク付けをどのように行っているかを検討しました。報告書の第1部では、階層の3つの側面として、財産、権力、名声について考察を行い、第2部では、ナイジェリア社会という文脈で名声の側面がどのように扱われているかを具体的に取り上げ、ナイジェリア人がどのようにしてお金を稼ぎ、どう使うかをその例として示しました。

日本文化を紹介するために役立つ英語表現ナビゲーター

　ここでは日本文化を説明する基本を紹介します。押さえておきたいのは以下の6つを表現する際の英語です。すべて簡単な英語で表現できるものばかりです。

```
① 名前、タイプに注目して表現する
② 類似性を表現する
③ どういう意味かを表現する
④ ルーツ・由来を表現する
⑤ 材質・原料を表現する
⑥ 使用目的を表現する
```

① 名前、タイプに注目して表現する　🔊 90

　名前とそれはどういうもの種類を説明する際の表現です。

- This is called "AAA."　これは「AAA」と呼ばれます。

- It's a type of... / It's one of...
  それは〜のようなものです。/ それは〜のひとつです。

　具体的には、次のような使い方をします。

●みりん 🔊

This is called *mirin*. It's a type of Japanese rice wine. It's mainly used for cooking. It has low alcohol content, and is lightly sweetened.

これはみりんと呼ばれます。日本酒の一種です。主に料理に使われます。アルコール度が低く、少し甘くなっています。

● 味噌 🔊

As you may know, this is called *miso*. It's a popular seasoning in Japan. Of course, it's used in miso soup. It's thought to be very healthy.

ご存じの通り、これは味噌と呼ばれます。日本ではよく知られた調味料です。もちろん、味噌汁に使われます。とても健康的であると思われています。

② 類似性を表現する 🔊 91

　次は、類似性に関する表現ですが、基本的には以下を押さえておきましょう。

・A is (just) like B　Aは（ちょうど）Bのようなもの

・A is similar to B　AはBと似ている

・A is the same as B　AはBと同じ

・A is not the same as B　AはBと同じではない

・A is different from B in (terms of) C
　AはCにおいてBとは違う

　次がその使い方の例です。

● 神経衰弱と Memory 🔊

Shinkeisuijaku is just like [the same kind of card game as] "Memory" (or "Concentration") in the U.S.

神経衰弱は米国のメモリー（あるいはコンセントレーション）のようなものです [同じカードゲームです]。

● 七並べと Sevens 🔊

Shichinarabe is the same as "Sevens."

七並べはセブンズと同じです。

③どういう意味かを表現する 🔊 92

　どういう意味かを説明する際の表現としては mean の他にも、A literally means...（A は文字通り〜です）とか A basically means...（A は基本的には〜です）などの表現が基本になります。「足湯」「ごちそうさま」「温泉」「節分」の説明を見ておきましょう。

● 足湯 🔊

Ashiyu literally means "foot bath." A small area of a hot spring is set aside for people to soak their feet. It's really relaxing after a long walk.

足湯は文字通り「足の湯」です。温泉の小さな区画が人々が足をつけられるように設けられています。長く歩いた後などとてもくつろげます。

● ごちそうさま 🔊

Gochisosama literally means "It was a delicious meal." Japanese say it when they finish eating. When they say it, they're thanking the person who made the meal for them.

ごちそうさまは文字通りには「それはおいしい食事でした」という意味です。日本人は食べ終わったときにそういいます。日本人がそういうときは、食事を作ってくれた人に感謝しているのです。

● 温泉 🔊

An *onsen* is the same as a hot spring. "On" means hot, and "sen" means spring. People often travel far from home to go to stay in a traditional *onsen* hotel. The *onsen* areas in Japan are mostly in the mountains, because hot springs are heated by volcanoes.

温泉はホットスプリングと同じです。「温」は暖かい、そして「泉」は泉を意味します。人々は家から遠く離れて旅行し、温泉のある伝統的なホテルに泊まることがよくあります。日本では温泉がある地域はたいてい山中にあります。というのは、温泉は火山によって熱せられるられるからです。

● 節分 🔊

Setsubun literally means "the division of seasons." *Setsu* means "season," and *bun* means "division." It's the day before the beginning of spring on the old Japanese calendar. It usually falls on February 2nd or 3rd. When Japanese hear the word *setsubun*, they usually think of *mamemaki*, or bean throwing. People throw beans and say, "*oni wa soto*," meaning "Evil spirits go away," and "*fuku wa uchi*," meaning "We welcome good spirits."

節分は文字通り「季節の分かれ目」ということです。「節」は季節、「分」は分かれることを意味します。それは日本の旧暦では春が始まる前の日です。通常、2月2日か3日に当たります。日本人が「節分」という言葉を聞けば、彼らは「豆まき（豆を投げること）」を思い浮かべます。人々は豆を投げて、「鬼は外（邪悪な霊は向こうに行け）」、「福は内（よい霊はいらっしゃい）」と声を出します。

④ ルーツ・由来を表現する

　ルーツ・由来を説明することがよくありますが、その際の基本表現は以下です。

> A はBに由来する
> ・A is originally from B
> ・A originated in B
> ・A comes from B

　以下はその例ですが、「ラーメンは中国に由来する」という言い方にもいく通りのものがあります。

・*Ramen* is originally from China.

・*Ramen* originated in China.

・*Ramen* comes from China.

⑤ モノの材質や原料を表現する

　モノの材質や原料を説明する場合に使える表現には、以下のようなものがあります。

・ be made of...　<材質>でできている

　This table is made of oak.　このテーブルはオーク材でできている。

・ be made from...　<原料、材料>でできている

　Plastic is made from oil.　プラスチックは石油でできている。

- **be made out of...** <Aを素材として>作られている

These candle holders are made out of **PET bottles.**

このロウソク立てはペットボトルから作られます。

　例えば、「うどんは小麦粉からできる」だと次のように言います。小麦粉はうどんの原料なので from を使います。

Udon is made from **wheat flour.**

　一方、「こけしは木で作られた日本人形です」だと、木はこけしの材質なので of を使って次のように表現します。

A *kokeshi* is a Japanese doll made of **wood.**

⑥使用目的を表現する

　最後に第６の表現として、使用目的を説明することがあるでしょう。ここでは簡単な表現方法としては以下を使うことができます。

> ・**A is something for...** 　Aは〜のための何かである
> ・**A is used to do [for] B / A is used for -ing**
> 　AはBをするため（Bのため）に用いられる

　次の写真は「押入れ」と「床の間」ですが、その用途を説明すると以下のようになります。

An *oshiire* is a space for storing *futons* – Japanese bedding.
押入れは布団（日本の寝具）をしまうための場所です。

A *tokonoma* is used for placing flower arrangements and other decorations.
床の間は、生け花を飾ったり、装飾品を置いたりするために使われます。

　以上、日本のことを説明する基本表現はどれも中学校２年生ぐらいで習うものばかりです。こうした簡単な表現を上手に使うことで、いろいろな説明をすることができます。

田中茂範（たなか　しげのり）
PEN 言語教育サービス代表、慶應義塾大学名誉教授。
コロンビア大学大学院博士課程修了。NHK 教育テレビで「新感覚☆キーワードで英会話」（2006 年）、「新感覚☆わかる使える英文法」（2007 年）の講師を務める。また、検定教科書「PRO-VISION English Communication」（桐原書店）、「New Rays English Communication」（いいずな書店）の代表編者。JICA で海外派遣される専門家に対しての語学研修の諮問委員会座長を長年務める。著書に『コトバの〈意味づけ論〉」—日常言語の生の営み』（共著 / 紀伊國屋書店）、『[増補改訂版] 日常まるごと英語表現ハンドブック』（共著 / コスモピア）、『表現英文法 [増補改訂第 2 版]』（コスモピア）などがある。現在、PEN 言語教育サービスで教材開発、中高の英語教育プログラムのプロデュースを行っている。

まとまった内容を話す！
英語表現ナビゲーター

2021年10月15日　第1版第1刷発行

田中茂範・著

校正：高橋清貴

装丁：松本田鶴子

英文校正：Sean McGee

発行人：坂本由子
発行所：コスモピア株式会社
　　　　〒151-0053　東京都渋谷区代々木4-36-4　MCビル2F
営業部：TEL: 03-5302-8378　email: mas@cosmopier.com
編集部：TEL: 03-5302-8379　email: editorial@cosmopier.com

https://www.cosmopier.com/（コスモピア公式ホームページ）
https://e-st.cosmopier.com/（コスモピアeステーション）
https://ebc.cosmopier.com/（子ども英語ブッククラブ）
印刷：シナノ印刷株式会社

本書へのご意見・ご感想をお聞かせください。

本書をお買い上げいただき、誠にありがとうございます。

今後の出版の参考にさせていただきたいので、ぜひ、ご意見・ご感想をお寄せください。（PC またはスマートフォンで下記のアンケートフォームよりお願いいたします）

アンケートにご協力いただいた方の中から抽選で毎月 10 名の方に、コスモピア・オンラインショップ（https://www.cosmopier.net/）でお使いいただける 500 円のクーポンを差し上げます。（当選メールをもって発表にかえさせていただきます）

https://forms.gle/1jmW4C9zph5aq5MfA

Act in English Meaningful Authentic and Personal

英語習慣をつくる！
日常まるごと
英語表現
ハンドブック

田中茂範／阿部　一　共著

これ 1 冊で「ほぼ」何でも言える！
海外の大学でのキャンパスライフに必要な表現もたっぷり紹介

　日常生活を 38 の場面、20 の話題に分類。さらにそれぞれを「動詞表現」「名詞・形容詞表現」「文表現」に分けてネットワーク。

　本書を片手に英語を生活の中へ、生活を英語化する！　そして自分の英語 My English をつくろう！

A5 判　665 ページ　定価　本体 2000 円＋税

本書といっしょに ＼ぜひどうぞ！／

音声ダウンロード ＋ 電子版付き

慣用表現力で話す！語順マスター英作文 実践

田中茂範・監修
コスモピア編集部・編
編集協力：岡本茂紀

NY%

自分の意見をしっかり伝えて会話や議論をするために
慣用表現 = 決まり文句 の
プレハブ効果を最大活用！

田中茂範・監修
コスモピア編集部・編

本体
1800円＋税

慣用表現は文を組み立てるときのプレハブ素材。
自由に使えればどんどん文をつむぎだすことができる。
そんな慣用表現を体系的に覚えよう！

Part 1 自分の意思や考えを明確に伝える表現
Part 2 論理を組み立てながら話そうとするときに役立つ表現
Part 3 判断と説明を示す表現
Part 4 相手にはたらきかけてコミュニケーションを作る表現

英語多聴ライブラリ　聞き放題コース　毎月 550 円（税込）

さまざまなジャンルの英語音声

約3000*コンテンツが聞き放題！

「英語聞き放題」コースの学習の中心は「シャドーイング」です。ニュースや映画スターのインタビュー、会話のスキット、TOEIC 用教材などさまざまなジャンルの音声を教材に、自分で声を出すトレーニングを行うことで、リスニング力、スピーキング力向上につながります。

特徴

- レッスンの中心はシャドーイング
  （リスニング＆スピーキング力アップに効果あり）
- 厳選されたオリジナル教材多数
- 聞いた語数は自動でカウント
- 自分のシャドーイング音声を録音できる
- どんどん増えるコンテンツ
  （最新ニュースや動画付き学習素材、『多聴多読マガジン』のコンテンツなど）

検索画面イメージ。リアルタイムのニュースを英語で読むことができます。

トレーニング画面のイメージ。各コンテンツには、スクリプト、語注、訳がついています。

シャドーイング画面では、スクリプトは表示されません。モデル音声だけを頼りに、まねをしてみましょう。

ひとつの素材でこれだけトレーニングできる！

リスニング	意味チェック	聞き読み	パラレル・リーディング	シャドーイング
＊動画付きコンテンツもあり	＊スクリプト、語注、訳	＊内容を理解しながら黙読	＊テキストを見ながら声に出す	＊音声の後について声に出す